"创新设计思维"
数字媒体与艺术设计类新形态丛书

案例学

AIGC+
Photoshop
UI设计
微｜课｜版

杨嘉 石云平◎主编
周嘉华 陶薇◎副主编

人民邮电出版社
北　京

图书在版编目（CIP）数据

案例学 AIGC+Photoshop UI 设计 ：微课版 / 杨嘉，
石云平主编. -- 北京 ：人民邮电出版社，2025.
（"创新设计思维"数字媒体与艺术设计类新形态丛书）.
ISBN 978-7-115-67539-2

Ⅰ．TP311.1

中国国家版本馆 CIP 数据核字第 2025RF6766 号

内 容 提 要

本书精心设计"学习目标→学习引导→行业知识→实战案例→拓展训练→AI 辅助设计→课后练习"
的新颖结构，以 Photoshop 为核心工具，讲解各种类型的 UI 设计案例，并巧妙引入 AI 工具辅助设计，
旨在培养读者的设计思维，强化读者的综合设计能力。

全书共 8 章，第 1 章为 UI 设计基础知识，第 2 章为 Photoshop 基础知识，第 3～7 章分别讲解图标
设计、UI 控件设计、网页设计、App 界面设计、软件界面设计的行业知识和实战案例等，第 8 章为综
合案例，帮助读者深入理解行业设计需求和 UI 设计应用场景，提升读者的设计水平和实际应用能力。

本书内容由浅入深、直观易懂、理实结合，可作为本科院校和职业院校设计类课程的教材，也可作
为设计初学者和相关从业人员的参考书。

◆ 主　　编　杨　嘉　石云平

　　副 主 编　周嘉华　陶　薇

　　责任编辑　韦雅雪

　　责任印制　胡　南

◆ 人民邮电出版社出版发行　　北京市丰台区成寿寺路 11 号

　　邮编　100164　电子邮件　315@ptpress.com.cn

　　网址　https://www.ptpress.com.cn

　　临西县阅读时光印刷有限公司印刷

◆ 开本：787×1092　1/16

　　印张：13.75　　　　　　　　2025 年 9 月第 1 版

　　字数：298 千字　　　　　　 2025 年 9 月河北第 1 次印刷

定价：79.80 元

读者服务热线：**(010)81055256**　印装质量热线：**(010)81055316**
反盗版热线：**(010)81055315**

PREFACE 前言

在信息化浪潮中，UI设计作为连接数字产品与用户的桥梁，其重要性日益凸显，不仅关乎产品的功能性与易用性，更是品牌理念、审美趋势和文化价值的直观体现。随着科技的飞速进步，特别是人工智能、大数据等前沿技术的融入，UI设计正以前所未有的速度发展，为用户带来更加丰富、个性化的交互体验。在此背景下，设计师们面临着前所未有的挑战与机遇。如何在传承与创新中寻找平衡，如何利用先进工具激发无限创意，成为行业发展的关键议题。

基于此，我们精心编写了本书。本书以行业需求为导向，紧密围绕行业发展趋势与市场需求，旨在培养既具备扎实技术功底，又拥有高尚职业道德和创新能力的UI设计人才。

▌本书特色

● **学习目标+学习引导，轻松指明学习方向**。本书每章首页设有知识目标、技能目标和素养目标，帮助读者理清学习思路。每章设置学习引导栏目，引导读者高效预习，明确主要学习内容及重难点知识，科学提炼学习方法和技能要点，同时提供学时建议和技能巩固与提升指导，以激发读者的学习兴趣。

● **行业知识+实战案例，深入理解行业应用**。本书介绍网页、App、软件等的界面，以及图标、UI控件等配件的设计方法，以行业理论知识引导读者学习，按照"案例背景→设计思路→操作要点→步骤详解"的设计流程，让读者深入体验商业案例的具体设计过程，充分理解并掌握行业案例的设计与制作方法。

● **Photoshop+AI设计工具，结合科技高效创新**。本书以UI设计中广泛应用的Photoshop 2024为蓝本，充分考虑Photoshop的功能和操作的难易程度，在案例中归纳操作要点、提供操作视频，并旁附Photoshop操作教程电子书二维码，供读者扫码自学、使读者进一步掌握软件的使用方法。另外，本书紧跟行业前沿设计趋势，讲解常用AI设计工具的技术原理、使用方法，并提供AI生成商业案例的演示示例，让读者能够实际体会AI在UI设计中的应用，从而拓展读者的设计思维，提升读者的创新能力。

● **拓展训练+课后练习，巩固并强化UI设计能力**。本书3~7章设有拓展训练，1~7章章末设有课后练习。拓展训练提供完整的实训要求，并展示操作思路，让读者能举一反三、同步训练；课后练习通过填空题、选择题、操作题等题型，帮助读者进一步巩固所学知识并锻炼读者独立完成设计的能力。

● **设计思维+技能提升+素养培养，培养高素质专业型人才**。本书在正文讲解中适当融入"设计大讲堂"栏目，讲述设计规范、设计理念、设计思维、设计趋势、前沿信息技术等内容，培养读者的设计思维，提升其专业能力；还适当融入"操作小贴士"栏目，提升读者的软件操作能力。并且，实战案例在考虑案例商业性的情况下，融入传统文化、开拓创新等元素，旨在培养读者的文化自信，激起读者创新和发展中国文化的信心。

▌资源支持

本书提供丰富的配套资源和拓展资源，读者可使用手机扫描书中的二维码获取对应资源，也可登录人邮教育社区（www.ryjiaoyu.com）获取相关资源。

素材文件和效果文件使用说明：本书所有案例提供的素材文件和效果文件均以案例名称命名，并归类至对应的章节文件夹中，便于读者查找和使用。

编者

2025年4月

CONTENTS 目录

第4章

第5章

第6章

第7章

第 **8** 章

195 —— 综合案例："宛木居"UI 设计项目

Ps

第　　章

UI 设计基础知识

在日常生活中，智能手机、应用软件、智能家居和车载系统等都离不开 UI 设计，UI 设计可以使产品操作更便捷，视觉效果更好，从而提高用户体验，以及用户对产品的满意度。为创造出美观、实用的 UI 设计作品，设计人员需要先认识 UI 设计，了解用户的需求，具备扎实的 UI 设计基础知识。

学习目标

▶ **知识目标**

◎ 了解 UI 设计基础知识，包括基本原则、发展趋势、常用工具、专业术语等。
◎ 掌握 UI 设计要素，包括点、线、面、色彩、文字、风格、构图、布局等。
◎ 掌握 UI 设计流程。

▶ **技能目标**

◎ 熟悉 UI 设计的常用工具。
◎ 学会运用 UI 设计要素。
◎ 能够根据 UI 设计流程进行 UI 设计。

▶ **素养目标**

◎ 提升对不同 UI 设计作品的审美能力。
◎ 培养 UI 设计思维，激发对 UI 设计的兴趣。

学习引导

STEP 1 相关知识学习　　　　　　　　　　　建议学时：___3___学时

课前预习	扫码了解UI设计的应用领域，建立对UI设计的基本认识和审美水平

课前预习

课堂讲解	1. UI设计基础：基本原则、发展趋势、常用工具等 2. UI设计要素：点、线、面、色彩等 3. UI设计流程：需求分析、原型设计等

重点与难点	1. 学习重点：点、线、面、色彩、文字、风格、构图、布局等UI设计要素，尤其是色彩对比、色彩搭配，文字的字体选择与排列布局 2. 学习难点：UI设计的基本原则、专业术语，以及UI设计流程

STEP 2 技能巩固与提升　　　　　　　　　　建议学时：___1___学时

课后练习	通过练习题巩固行业知识和软件操作，提升设计能力与实操能力

1.1 UI设计基础

　　UI设计凭借其美观的视觉体验、强大的交互性等特点得到了很多用户的高度认可，越来越多的企业开始重视UI设计。成功的UI设计能第一时间吸引用户视线，让用户产生继续浏览的欲望，还能提升用户好感度，加深其对产品的印象。

1.1.1 什么是UI设计

　　UI（User Interface，用户界面）是指用户与计算机或其他电子设备进行交互时所涉及的界面，包括屏幕、菜单、按钮、图标、文本、音频、视频等视听元素。UI设计是指从产品的人机交互、操作逻辑和界面美观等多个方面进行整体构思与设计，目的是提升用户体验，使用户能够直观地浏览界面，轻松完成操作。UI设计主要包含以下3个方面。

- ● **界面设计**。界面设计主要聚焦于产品界面的视觉呈现，通过对色彩、布局、文字、图标等元素的设计，提升产品界面的视觉吸引力，使用户在使用产品时感到愉悦。

- ● **交互设计**。交互设计是针对产品界面的操作流程、结构以及规范等方面进行的设计，旨在简化并优化整个界面的交互流程，从而凸显产品的核心特点。

- ● **用户体验设计**。用户体验设计贯穿整个UI设计流程，是指以用户为中心，采用调研等方式挖掘用户的真实需求，深入了解用户真实期望、心理及行为逻辑的设计过程，便于在后续的UI设计中满足用户的需求，提升用户使用产品的整体感受。

图1-1所示为"初芒兼职"App界面。从界面设计来看，"初芒兼职"App的界面以白色为主色，App名称中的"芒"字让人联想到"芒果"，而芒果通常为黄色，因此辅助色采用黄色，起到加深用户记忆的作用。在交互设计方面，该App通过导航超链接和按钮，实现了各界面间的流畅跳转，有助于用户快速熟悉并高效使用App。从用户体验角度来看，统一的界面风格和清晰的视觉结构给用户留下了良好的第一印象。同时，便捷的操作按钮满足了用户对产品的功能性需求。具体而言，一级界面展示了整体结构，使用户能清晰地把握各界面间的联系；二级界面则通过功能性按钮和超链接，给用户提供了方便的操作体验。

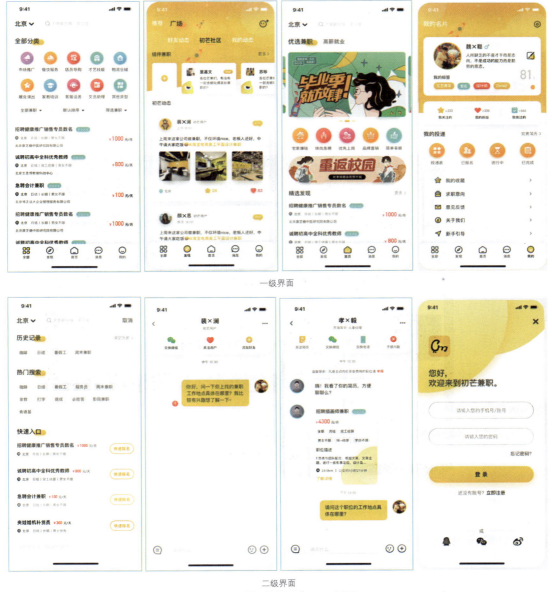

一级界面

二级界面

图1-1　"初芒兼职"App界面

1.1.2 UI设计的基本原则

优秀的UI设计不仅能吸引用户注意，增加用户数量，更能有效传达文化信息和设计理念。为创作出色的UI设计作品，设计人员应在遵循UI设计基本原则的前提下，充分发挥创意，拓宽设计思路。

1. 适用性

适用性是衡量UI设计作品能否符合用户需求的标准，可分为功能的适用性和尺寸的适用性两方面，这是由UI设计的核心所决定的（UI设计以用户为核心，服务于用户，给用户良好的使用体验）。

- **功能的适用性**。UI设计应满足用户的实际需求，包括实际功能和审美功能。实际功能的适用性要求设计简洁、符合日常操作习惯，以便用户轻松、快捷地使用。在满足实际功能的基础上，审美功能的适用性则追求给用户带来愉悦的视觉体验。
- **尺寸的适用性**。由于不同设备和系统会影响界面的显示效果，设计人员在进行UI设计时应注意尺寸的适用性，力求使设计作品能在多种设备和系统上流畅使用，如图1-2所示。

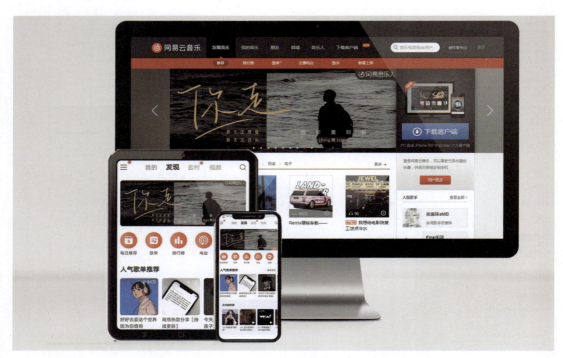

图1-2　UI设计作品在不同设备和系统上的显示效果

2. 适配性

适配性是指在进行UI设计时既要展现产品个性，又要确保设计风格与产品功能、定位以及目标用户的审美偏好相契合。这包括色彩的选择需与产品氛围相协调，布局需适应不同设备和屏幕尺寸，字体和图标的选择要与整体风格保持一致并确保易读性和易识别性，同时交互方式要符合用户的操作习惯，以提高产品的易用性。例如，购物网站常采用暖色系来营造热闹的购物氛围，而社交网站则可能选用马卡龙色系来烘托青春气息。

3. 统一性

UI设计作品通常是由多个界面构成的整体。为确保作品的整洁、有序和逻辑性，UI设计应遵循统一性原则。这意味着在UI设计中应使用一致的字体、色彩和风格等，以保持整体的协调和统一。同时，功能描述和交互行为也应保持一致性，避免使用不同词汇描述相同功能，并确保交互行为在不同界面中保持一致，如图1-3所示。

图1-3　不同界面中的统一性原则

4. 层级性

层级性要求UI设计内容层次分明、突出显示重点信息，并具备逻辑性，以便用户轻松区分内容的重要程度，有助于用户形成清晰的操作认知，减少操作错误，并提升用户对产品整体的好感度。

5. 引导性

引导性强调在UI设计中减少用户使用障碍，使用具有引导性的文字、图标或图像来引导用户操作，确保用户能够按照预期方式使用产品。由于产品可能会因时代变迁或内容更新而不断升级完善，因此在进行UI设计时，应提供简洁明了、生动有趣且重点突出的用户指引，减少用户对新版本的使用障碍并降低学习成本。

1.1.3　UI设计的发展趋势

随着5G（5th Generation Mobile Communication Technology，第五代移动通信技术）时代的到来，各种智能化产品层出不穷，作为用户与产品的沟通桥梁，UI设计也迎来了新的发展方向和更广阔的发展空间。

1. 使用AI技术进行UI设计

AI（Artificial Intelligence，人工智能）技术一般是指模拟、延伸和扩展人类智能的理论、方法的技术手段。在AI技术迅猛发展的今天，UI设计领域正迎来新的机遇。

- **AI辅助设计常态化**。AI已广泛应用于UI设计的多个环节，许多专业的设计软件和平台也都增加了AI功能，如创意构成、图像处理与生成等，极大提高了设计效率。这要求设计人员掌握一定的AI技术，能够根据设计的需要，灵活运用AI工具辅助开展UI设计，以适应AI辅助设计的趋势。
- **个性化设计需求增加**。借助大数据和AI技术，设计人员能更精准地把握用户心理和设计趋势，生成符合个性化需求的设计方案。设计人员利用AI生成个性化设计方案和创意元素，结合自身的创想，能够创作出更具个性和独特性的设计作品。
- **创意与质量要求提升**。在AI辅助设计的趋势下，需要更加注重设计的独特性和创新性，更侧重于策略性思考、深入挖掘用户需求、彰显产品特点，以区别于AI自动生产的同质化内容，维持设计作品的独特价值与艺术魅力。
- **设计门槛与成本降低**。AI技术使非专业人士也能快速生成高质量的设计作品，降低了设计门槛和成本，让设计人员有更多的时间和精力去关注作品本身的创意。

设计大讲堂

随着数字化、网络化、智能化的深入发展，AI技术将在各个领域和行业发挥越来越重要的作用，包括但不限于医疗、教育、交通、娱乐等。同时，AI技术也引发了一些关于法律法规、伦理、行业准则等方面的问题和争议。设计人员在使用AI技术时，必须严格遵守《中华人民共和国网络安全法》相关法律法规，严禁利用AI技术生成涉及政治人物、色情、恐怖等违反法律法规、损害社会公共利益，甚至危害社会稳定的不良内容。

2. 使用AR技术进行UI设计

AR（Augmented Reality，增强现实）技术是一种将虚拟信息与真实世界巧妙融合的技术，它通过多媒体、3D（三维）建模、实时跟踪及注册、智能交互、传感等多种技术手段，将计算机生成的文字、图像、3D模型等信息模拟仿真后实时叠加到设备屏幕显示的真实世界中，从而实现对真实世界的"增强"。使用AR技术进行UI设计是一个前沿且充满潜力的领域。

- **提升用户体验**。AR技术能够将虚拟元素与真实世界相结合，为用户提供沉浸式的交互体验。这意味着在UI设计中用户可以直接与界面元素互动，获得更直观、更生动的操作反馈。
- **增强设计表现力**。通过AR技术，设计人员可以创建出3D的、动态的UI元素，这比传统的静态2D（二维）界面更具吸引力和表现力。例如，在展示产品原型时，可以利用AR技术让用户更直观地了解产品的外观和功能。
- **提供实时反馈**。在UI设计过程中，AR技术可以实时展示设计效果，让设计人员和用户能够即时看到修改和调整后的结果，从而提高设计效率和质量。

图1-4所示为AR虚拟动物园界面效果，其结合先进的AR场景识别技术，用户只需将手机

摄像头对准指定场景进行扫描，即可在手机屏幕中看到与该场景相关的动物，动物还可通过屏幕与用户互动。

图1-4　AR虚拟动物园界面效果

3. VR产品UI设计

　　VR（Virtual Reality，虚拟现实）产品是基于VR技术（利用计算机模拟一个3D空间的虚拟世界，为用户提供关于视觉、听觉、触觉等感官的模拟体验）设计的现代产品。近年来，我国VR行业市场规模迅速扩大，特别是5G时代的到来，为VR带来了新的发展机遇。随着VR产品种类的增多和技术的进步，市场需求将持续增加，有利于VR产品UI设计的发展。

　　VR产品UI设计主要包含环境和交互元素两个核心部分。环境指的是用户使用VR产品时见到的虚拟场景，而交互元素则是指界面中可供用户交互操作的各种元素。VR产品UI设计的关键在于将环境与交互元素巧妙结合，从而使用户能够完全沉浸在设计人员创造的虚拟场景中。

设计大讲堂

　　VR和AR的区别主要包括以下3点。

　　（1）运用的技术不同。VR是仿真技术与计算机图形学、人机接口技术、多媒体技术、传感技术、网络技术等多种技术的集合。而AR包含多媒体、3D建模、实时视频显示及控制、多传感器融合、实时跟踪及注册、场景融合等新技术与新手段。

　　（2）原理不同。VR利用计算机生成一种模拟环境，是一种多源信息融合的、交互式的3D动态视景，以及实体行为的系统仿真，能使用户沉浸到该环境中。而AR的基本理念是将图像、声音和其他感官增强功能实时添加到真实世界的环境中。

　　（3）功能不同。VR可以实现人机交互，存在多种感知，能使人沉浸在虚拟世界之中，而AR技术必须与现实相结合，智能性较低，不能实现人机交互，也无法使人忘记现实。

1.1.4 UI设计的常用工具

随着UI设计领域的革新，除了那些以性能稳定和功能丰富著称的设计软件，还有智能化、高效化的AI工具不断涌现，帮助设计人员高效设计。

- Photoshop。Photoshop是Adobe公司旗下的一款图像处理软件，主要用来处理用像素构成的数字图像，可以完成界面的合成、调整等。
- Illustrator。Illustrator是Adobe公司开发的一款矢量绘图软件，被广泛应用于图标的制作、矢量图的绘制等。
- CorelDRAW。CorelDRAW是Corel公司出品的设计软件，被广泛应用于UI矢量图绘制、网页制作等领域。
- After Effects。After Effects简称AE，是Adobe公司推出的一款图形视频处理软件，具有视频处理、动画制作、多层剪辑等多种功能。UI设计人员常使用After Effects制作产品界面中的动态图形和动画特效，使整个界面更有特色，更能吸引用户的注意力。
- Axure RP。Axure RP简称RP，是一款专业的原型图设计工具，主要用于制作UI设计中用到的原型图、线框图和流程图。Axure RP适用于小型App界面到大型网页的原型图绘制，尤其是在绘制网页原型图上具有很大优势，深受UI设计人员、交互设计人员的喜爱。
- AI工具。UI设计领域中的AI工具主要有AI写作和AI绘画两类，能够帮助设计人员快速获取灵感、梳理UI设计逻辑框架、撰写文案、制作原型图，以及智能化编辑图片、文生图、图生图等。常用的AI工具有通义万相、Midjourney、即时 AI、文心一言、Wix ADI、墨刀AI、TreeMind树图等。

1.1.5 UI设计中的相关术语

尽管AI的发展为实现"人人参与设计"提供了可能，但UI设计依然是一个专业性较强的领域。设计人员需要深入了解UI设计的单位及不同类型图像的特点，并熟悉不同文件格式对设计作品输出的具体影响。

1. UI设计的单位

在UI设计中，了解并正确使用各种单位非常重要，因为它们直接影响到UI设计作品的准确性和用户体验。

- 英寸（inch，单位符号为in）。英寸是电子设备屏幕对角线的长度单位，常说的14寸、27寸屏幕就是用此单位衡量的。
- 分辨率。分辨率指单位长度内包含的像素数量，常用"像素/英寸"或"像素/厘米"表示。分辨率越高，图像越清晰。
- 网点密度（Dots Per Inch，DPI）。网点密度是打印分辨率的单位，表示每英寸打印的点数，多用于打印、扫描时的分辨率设置或Android操作系统。

- 像素密度（Pixels Per Inch，PPI）。像素密度是屏幕分辨率的单位，表示屏幕每英寸的像素数量，常用于iOS操作系统。
- 像素（pixels，px）。像素是屏幕上的最小显示单元，每个物理像素由三原色（红、绿、蓝）组成，属于相对单位，随屏幕像素密度的变化而变化。在Photoshop等设计软件中进行UI设计时，需考虑不同界面在不同设备屏幕上的兼容性，因此px是常用的单位。
- 点（points，pt）。点是逻辑像素（在前端开发中使用的单位，用于适配不同PPI和尺寸的设备）的单位，属于绝对单位，不随PPI的变化而改变。在iOS设备软件开发中，文字尺寸常使用此单位。pt与px的换算关系依赖于屏幕的PPI，例如，当PPI为72时，1pt等于1px；当PPI为144时，1pt等于2px。
- 独立密度像素（density-independent pixels，dp）。独立密度像素是Android设备上的基本单位，用于非文字元素。dp与iOS设备上的pt相似。当PPI为160时，1dp等于1px。
- 独立缩放像素（scale-independent pixels，sp）。独立缩放像素是Android设备上的文字尺寸单位。在默认"正常"文字尺寸下，1sp等于1dp。

2. UI设计的图像类型

UI设计中的图像一般可以分为两大类，即位图和矢量图，它们各有特点和用途。

- 位图。通过相机、手机等设备拍摄的图像属于位图，也叫点阵图，是由单个像素点组成的。位图能逼真地显示物体的光影和色彩，是UI设计的主要构成要素。位图的单位面积内像素越多，分辨率就越高；文件越大，图像效果就越好。图1-5所示为熊猫位图的原图及放大后的效果，当位图放大到一定程度后，图像将模糊不清，并以方格形式（即像素点）展现。

图1-5　熊猫位图的原图以及放大后的效果

- 矢量图。矢量图又称向量图，是指通过计算机指令组成的直线或曲线所构成的图形。构成图形的点和线被称为对象，每个对象都是单独的个体，具有大小、方向、轮廓、颜色和位置等属性。矢量图被无限放大时，也能保持较好的清晰度，且文件小。图1-6所示为树叶矢量图的原图以及放大后的效果。

图1-6　树叶矢量图的原图以及放大后的效果

3. UI设计的常用文件格式

不同的文件格式在实际应用中存在较大区别，设计人员应根据作品用途选择合适的格式。

- PSD（*.psd）。PSD格式是Photoshop软件默认生成的文件格式。以PSD格式保存的图像文件可以包含图层、通道、颜色模式等信息。
- GIF（*.gif）。GIF格式是CompuServe公司提供的一种文件格式，此格式可以进行LZW（一种无损压缩编码）压缩，从而使图像文件占用较少的磁盘空间。
- JPEG（*.jpg、*.jpeg、*.jpe）。JPEG格式是最常用的图像文件格式之一，主要用于图像预览和网页制作。使用JPEG格式保存的图像会被压缩，图像文件会变小，但会丢失掉部分不易察觉的色彩。
- PNG（*.png）。PNG格式是一种采用无损压缩算法的文件格式，用于在互联网上进行无损压缩和显示图像，支持透明背景且没有锯齿边缘。
- JSVG（*.svg）。JSVG格式是一种基于XML（一种用于描述计算机数据的标记语言）的图像文件格式，用于描述2D矢量图。由于其基于矢量的特性，JSVG图像可以在任何尺寸下保持高质量的显示效果，而不会像位图那样在放大时出现像素化的问题。

1.2 UI设计要素

在UI设计中，如果把UI设计比作建造房子，那么点、线、面就构成了房子的基础框架，文字和色彩则为砖石，风格是涂装，构图和布局可以看作钢筋。

1.2.1 点、线、面

通常来说，对点、线、面的识别与界定主要依据它们在画面中的具体形态和空间作用。点主要以其位置为特征，线以其长度和方向性为特征，而面则以较大的面积为特征。

1. 点

在UI设计中，点是一个相对概念，它通过对比而存在。在当前画面中，占据相对较小面积的元素可以称为点，这些点可以是规则的，如圆点、方点、三角点等，也可以是不规则的，如锯齿点、雨点等。画面中相对较小的文字、图形、色块等也可视为点。点能凝聚视觉焦点，使画面显得合理、舒适且富有冲击力。通过叠加、堆积、聚合的方式编排和组合点，还可以为画面增添韵律感。图1-7所示的启动页将各种形状的点组合成迅雷的图标形象，既具有创意，又强调了产品形象。

2. 线

点与点之间的连接即线，线是点移动的轨迹。线在UI设计的视觉形态中既可以表现长度和宽度，也可以表现位置、方向和个性，具有优美和简洁的特点，经常用于渲染、引导、串联或分割界面。线主要分为水平线、垂直线、斜线、曲线。不同视觉形态的线所表达的情感不同。

- **水平线**。水平线给人以平静、安宁和沉稳的感觉，同时具有向两边延伸的力量感。
- **垂直线**。垂直线传递出挺拔、刚毅以及向下垂和向上伸展的力量感。
- **斜线**。斜线视觉冲击力强，可以表现快速、紧张、活力四射的感觉。
- **曲线**。曲线流畅灵动，其长度、粗细和形状的不同常给人以柔软、优雅、温和的感觉。

另外，线除了可以聚焦视线外，还有引导视线的作用，在UI设计中运用线元素可以让用户的视线不知不觉地跟随线的移动轨迹转移，从而使用户了解界面中的信息。图1-8所示的启动页使用曲线形成"9"的形状，其形成的形状具有流畅灵动感，更加具有视觉吸引力。

3. 面

放大的点可视为面，通过线的分割所产生的各种比例的空间也可以称为面。面有长度、宽度、方向、位置、摆放角度等属性。面具有组合信息、分割画面、平衡和丰富空间层次、烘托与深化主题的作用。在UI设计中，面主要有几何形和自由形两种类型。

- **几何形**。几何形是指有规律的，易于被受众所识别、理解和记忆的图形，如图1-9所示，包括圆形、矩形、三角形、多边形等，以及由直线组成的不规则几何要素。不同的几何形能给人带来不同的感觉，如矩形给人带来稳重、厚实与规矩的感觉；圆形给人充实、柔和、圆满的感觉，有一种很好的聚焦作用；正三角形给人坚实、稳定的感觉。
- **自由形**。自由形来源于自然或灵感，比较洒脱、随意，可以营造淳朴、生动的视觉效果。自由形可以是表达个人情感的各种手绘形态，也可以是曲线弯曲形成的各种有机形态，还可以是自然力（自然界中不受人为控制或干预的力量）形成的各种偶然形态。

点、线、面具有强烈的形式美感和视觉吸引力，当点、线、面的位置、大小、形状、疏密等达到协调统一后，可形成具有传递视觉语言的UI效果。

图1-7　以点为主的UI设计

图1-8　以曲线为主的UI设计

图1-9　以几何形为主的UI设计

1.2.2　色彩

色彩是通过眼睛感知、大脑处理并结合生活经验所产生的一种对光的视觉效应，会影响用户对界面的直观感受。美观的色彩能表达情感和氛围，传达信息和意义，引导视觉焦点和注意力，以及塑造视觉风格。

1. 色彩三要素

所有色彩都具有色相、明度、纯度3种属性，即色彩三要素。

- **色相**。色相是色彩的第一要素，是能够准确表述色彩倾向的色别称谓（即颜色），也就是色彩的名称，如玫瑰红、湖蓝、土黄等。
- **明度**。明度是色彩的第二要素，指色彩的明暗程度，也称为亮度。同一色彩中添加的白色越多则越明亮，添加的黑色越多则越暗。色彩的明度会影响人们对于物体轻重的判断，比如看到同样的物体，黑色或低明度的物体视觉感受会偏重，白色或者高明度的物体视觉感受会较轻。
- **纯度**。纯度也称为饱和度，指色彩的鲜艳程度，颜色中含有的本色（组成自身颜色的色光）越多，纯度就越高；反之，则纯度越低。例如，大红和深红都是红色，但深红中所含的本色（红色）要比大红中所含的本色（红色）少，因此，深红的纯度要低于大红的纯度。高纯度的色彩会带来兴奋、鲜艳、明媚等感受；低纯度的色彩会带来舒适、低调、暗淡等感受。

2. 色彩对比

色彩组合后所产生的美或丑的视觉效果，主要取决于色彩对比的运用。色彩对比是指两种或两种以上的色彩并置在一起时，视觉所感受到的效果对比。这种对比能让色彩的特点和个性更加突出，主要包括色相对比、明度对比及纯度对比3种形式。

（1）色相对比

色相对比指因色相的差别形成的对比。在色相环中不同位置的色彩对比各不相同，如图1-10所示。

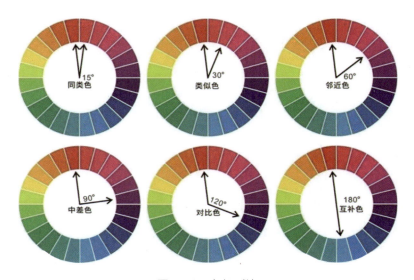

图1-10　色相对比

- 同类色对比。同类色指色相环中15°夹角内的颜色。同类色对比是指同色系、不同明度颜色的对比，这样的色彩组合具有平静、雅致、含蓄、稳重等特点。
- 类似色对比。类似色对比是指色相环中夹角为30°的颜色对比，这样的色彩组合具有柔和、和谐、雅致、平静等特点。
- 邻近色对比。邻近色对比指色相环中夹角为60°的颜色对比。邻近色对比容易使画面保持统一、和谐，同时又有色相上的变化。
- 中差色对比。中差色对比是指色相环中夹角为90°的颜色对比。相较于邻近色，中差色显得更加活泼、跳跃。
- 对比色对比。对比色对比指色相环中夹角为120°的颜色对比，可带来醒目、有力、活泼的感觉。
- 互补色对比。互补色对比指色相环中夹角为180°的颜色对比，色彩对比强烈、炫目，但可能过分刺激。

（2）明度对比

明度对比指利用色彩的明暗程度形成的对比。恰当的明度对比有利于增加画面的层次感。通常情况下，明度对比较强可以使画面清晰、明快；而当明度对比较弱时，画面会显得低调、深沉。

（3）纯度对比

纯度对比指利用色彩纯度的强弱形成的对比。色彩纯度对比较弱时，画面视觉效果柔和、层次细腻，适合长时间观看；色彩纯度对比较强时，画面显得鲜艳明朗、富有生机。不同的色彩纯度对比可以使画面更和谐，层次更丰富。

图1-11所示为明度和纯度对比效果。

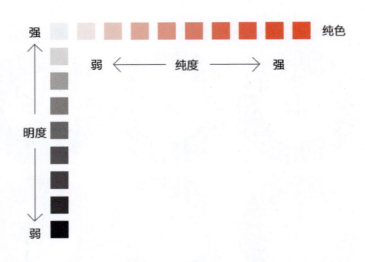

图1-11　明度和纯度对比效果

设计大讲堂

　　色彩对比除了按照色彩的3个属性进行划分外，还可以按照色彩的面积比例、透明度、空间效果、形态等进行划分。使用对比度很高的多种色彩时，如果觉得视觉效果不好、冲突性太强，可以进行色彩调和，如在色彩之间进行渐变融合，使色彩过渡更加自然；或采用相差较大的色彩面积比例，一般明度或纯度越高的色彩，在画面中所占的面积应越小，这样更容易达到和谐的效果；或在对比度强的色彩之间添加无彩色（即黑、白、灰）将其隔开。

3. 色彩搭配

色彩搭配（简称配色）即选择几种色彩进行搭配。其中用色较多、面积较大的色彩为主色；使用面积次于主色、用于补充主色的色彩为辅助色；强调关键部分的色彩为点缀色。

（1）配色公式

主色使用面积过多会使界面层级不清晰，影响视觉效果，搭配一定比例的辅助色和点缀色，既可以突出重点，又可以平衡色彩的面积。一般情况下，主色占界面面积的比例不超过60%；辅助色占界面面积的比例不超过30%，用于提亮界面；点缀色占界面面积的比例不超过10%，并且用在关键部分，有助于集中用户视线。总之，惯用的配色公式为：60%主色＋30%辅助色＋10%点缀色。

图1-12所示为腾讯云界面的色彩搭配，其中主色为浅蓝色，在UI设计中蓝色代表科技，

符合该软件定位；辅助色为黄橙色和黑色，黄橙色丰富背景层次感，黑色则用于突出文字信息；其他小面积的深蓝色、橙色等点缀色，则让画面更活泼。

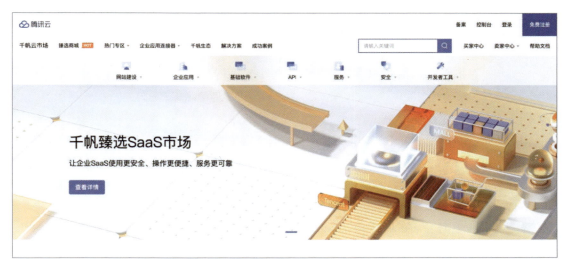

图1-12　腾讯云界面的色彩搭配

（2）常用配色方法

按照色彩的色相数量，可分为单色配色法、双色配色法、三色配色法和四色配色法，难度随着色相数量的增加而增加。设计人员可先从单色配色法学起，然后逐渐尝试在配色中融入其他色相的色彩。

- 单色配色法。单色配色法是较稳妥的配色方法，又称同类色配色法，通过选择同色相、不同明度的色彩进行搭配，使界面整体具有统一感，彼此之间也更融洽。图1-13所示为使用单色配色法进行的按钮设计。
- 双色配色法。双色配色法常选取对比色和互补色进行搭配，会使界面的冲击感较强。常用的互补色配色有红绿、蓝橙和黄紫。图1-14所示为选取对比色的双色配色法进行的按钮设计。
- 三色配色法。三色配色法可选择在色相环中构成等边三角形的三角对立色（见图1-15）进行搭配，会比双色配色法看上去色彩更丰富，视觉效果更好。
- 四色配色法。四色配色法可选择邻近的4种颜色进行搭配，因为色相接近，所以过渡比较自然，如图1-16所示。

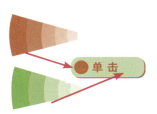

图1-13　单色配色法　　　图1-14　双色配色法　　　图1-15　三色配色法　　　图1-16　四色配色法

1.2.3 文字

在UI设计中，文字起着承载和传播信息、提醒用户操作及表达产品功能等作用，其字体选择和排版方式会影响界面的整体观感和信息传达效率。

1. UI设计中的字体规范

字体规范是指字号、字体类型、字体颜色等在界面中的使用方式、使用位置等标准，以保证整个界面字体的统一性。字体规范的确立可以让界面层级更加清晰，界面功能性操作更加明确。

（1）系统默认字体规范

很多界面都是调用系统的默认字体，因此设计人员需要了解系统默认的字体有哪些规范，从而获得更好的视觉效果，提升用户体验。

- **iOS的默认字体规范**。iOS 9以后的版本，中文的默认字体为"苹方"，英文的默认字体为"San Francisco"，两种字体的字形纤细、饱满，便于阅读。
- **Android操作系统的默认字体规范**。Android操作系统中，中文的默认字体为"思源黑体"，英文的默认字体为"Roboto"，两种字体的字形线条粗细适中、端正大方。

（2）常用的字号规范

不同界面的字号规范存在差别，了解字号规范是进行UI设计的前提。

- **App界面的常用字号**。一般来说，App界面中的导航栏字号和标题字号为36像素～40像素，正文字号为32像素～34像素，副文字号为24像素～28像素，最小字号不低于20像素。
- **网页的常用字号**。网页中的字号并没有明确规定，常用的字号为12像素～30像素。
- **软件界面的常用字号**。软件界面正文和段落文本的常用字号范围通常为12像素～20像素。其中，14像素、16像素和18像素是较为常见的选择。这些字号能够确保文本在不同设备和屏幕上都能保持清晰的阅读体验。而对于较为重要的文字内容，可根据界面需求进行调整。

2. UI设计中的字体排版

无论是何种界面设计，文字在界面中所占比例都较大，不同的字体排版可以给界面带来意想不到的效果。

- **齐头齐尾型字体排版**。齐头齐尾型字体排版是指让字体在界面的两端进行对齐，给人一种理性、大方的美感，多用于文字较多的界面。
- **齐头散尾型字体排版**。齐头散尾型字体排版相对于齐头齐尾型字体排版来说更加自由、灵活，在整齐的版面中更有韵律感，且松弛有度。常见的齐头散尾型字体排版主要有左对齐、右对齐等形式，其中左对齐形式的文字易读性较高，常用于展示列表信息页界面。
- **自由型字体排版**。自由型字体排版是指没有任何规律的字体排版方式，设计人员可根据界面的实际需求，自由地对文字进行排版、组合。使用这种排版方式时需要注意图片、图标等其他装饰性元素的形态，要让文字与图片、图标等元素相互配合、相互呼应，这样才能让界面在充满活力的同时具有整体感。

设计大讲堂

　　UI设计中的文字设计不仅是信息传播的主要途径，还是塑造界面风格的主要方式，设计人员在字体设计过程中需要注意以下4点。

　　（1）字体样式不能过多，否则界面会显得杂乱无章。一般来说，同一个产品界面中的字体最好是选择同一系列的字体样式，且最好不超过3种。重点和非重点的文字可以通过字体的大小、色彩等进行区分。

　　（2）字体风格与界面整体的设计氛围要融合。

　　（3）要注意区分字体颜色与界面背景颜色。

　　（4）最好使用容易识别的字体，使内容更加清晰、易读。

1.2.4　风格

　　风格是一种艺术概念，可以反映设计人员的情感、审美和思想等特征。在进行UI设计时，需要先确定风格，再进行构图与布局。

1. 常用风格

　　UI设计的广泛性决定了风格的多样性，在日常生活中，常用的风格有以下几种。

- 扁平化风格。扁平化风格通过使用简单色块组成的形状构成图像，具有简洁美观、简单直白的特点，是目前市场上的常见风格。图1-17所示为扁平化风格的App界面。

- 卡通风格。卡通风格通过卡通形式表现主题，使界面显得轻松、有趣。卡通形象适用于游戏场景或是App开屏界面。图1-18所示为卡通风格的App界面。

- 简约风格。简约风格采用弱对比色调，使色调反差较小；或者采用冷暖色调对比的手法；或者采用大面积的留白，使UI设计作品具有舒适、简单的特点。图1-19所示为简约风格的App界面。

- 拟物化风格。拟物化风格对现实物体还原度较高、质感强、识别性强，常用于工具类和游戏类应用图标设计。图1-20所示为拟物化风格的App界面。

　　图1-17　扁平化风格　　　图1-18　卡通风格　　　图1-19　简约风格　　　图1-20　拟物化风格

● **渐变风格**。渐变色相较于单色，视觉效果更有层次，可以营造出艺术感和朦胧感。渐变风格适用于文艺类UI设计。

2. 风格的选择

风格可以决定整个UI设计视觉效果的走向，也可以决定字体类型和色彩选择，因此在选择风格时要记住以下几个要点。

● **风格要与产品类型相符合**。产品类型不同，其风格就不同，要根据产品定位选择合适的风格。

● **风格要与色彩、字体、图片相符合**。色彩、字体和图片都是能体现出风格的元素，不同的类型可传达不同的情感，因此选择的风格要与所使用的色彩、字体和图片类型相互统一。

● **风格要与装饰元素相符合**。装饰元素在设计中起辅助作用，能够让视觉效果更好，整体更加统一、突出，因此选择的风格要与所使用的装饰元素统一。

1.2.5 构图

构图是指在有限的空间里，合理地布局所需的各种元素，使各种元素所处的位置产生较为优越的视觉效果，不同的构图方式所带来的视觉效果不同。

● **三角形构图**。三角形构图即使画面中各种元素的位置形成一个稳定的三角形，一般图像位于三角形上方，文字内容位于三角形下方，这种自上而下的构图方式，可以把信息层级罗列清晰，方便用户浏览，如图1-21所示。

● **S形构图**。S形构图即使画面上的各种元素呈S形曲线分布，引导用户视线沿着S形纵向移动，使画面富有韵律感和生动性，如图1-22所示。

● **F形构图**。F形构图即使图像与文字构成F形形状，以图像为主，两侧文字为辅，通常用于具有Banner或图文搭配的页面中，如网站专题页、网站首页等，如图1-23所示。

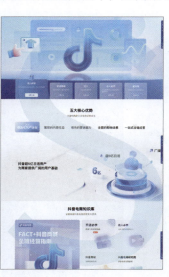

图1-21　三角形构图　　　　图1-22　S形构图　　　　图1-23　F形构图

- **九宫格构图**。九宫格构图又称井字构图，即将画面等分为9个方格，用所处中心方格的4个角上的任意一个点充当主体元素的位置，如图1-24所示。
- **中心构图**。中心构图即将主体元素放在界面的中心位置，形成视觉焦点，再使用其他元素装饰和呼应内容，这种构图方式能够将核心内容直观地展示给用户，使内容更有层级性，如图1-25所示。
- **对角线构图**。对角线构图即将画面元素放置在画面的对角线上，使画面富有极强的动感，可以引导用户视线，如图1-26所示。

图1-24　九宫格构图

图1-25　中心构图

图1-26　对角线构图

1.2.6　布局

　　布局是指在保持构图的基础上，对界面中的文字、图形或按钮等进行排版，使用户浏览界面信息时，看到的内容具有条理性、层级性，帮助用户快速定位所需信息的位置。在布局过程中，需要先确定界面版率，再选择合适的布局方式。

1. 界面版率

　　界面版率是指版面的利用率，即界面内容占画面的比例。不同的版率呈现出的视觉效果有所差异，版率越高，视觉效果越好；版率越低，则会给用户呈现宁静、典雅的视觉感受。设计界面时，要根据网站定位和实际内容的多少，选择合适的版率。

　　图1-27所示为高版率和低版率展示图，其中黄色部分为界面内容，当界面内容占满全部画面即满版，界面中没有内容即空版。

图1-27　高版率和低版率展示图

2. 布局技巧

在设定好界面版率，遵守布局原则的基础上，运用一些布局技巧可以提升界面的吸引力。

（1）大面积的留白

留白较多的极简主义风格是当前常见的界面设计手法，大面积的留白可以使界面更精简，更有格调。在遇到素材图像背景杂乱的情况时，还可将需要的主体图像抠取出来，摒弃杂乱的背景部分，以便更好地反映图像特性和突出重点。

（2）展示图像的部分内容

当图像内容较为平庸时，可采用局部提取的方式，放大展示图像，使原定图像区域内只保留部分图像进行展示，在营造神秘感的同时，也可以与用户进行互动，使用户浏览到该图像时，在脑海中联想剩余部分的图像。

（3）突破分割区域界限

常用的分割区域的布局方式可使界面内容的分布整齐、干净，但可能稍显死板、无趣。因此，在界面内容较少的情况下，可将重点元素大胆地突破分割区域界限进行摆放，这样既增加界面的层次感和冲击感，又凸显主题。

3. 常见布局方式

掌握常见的布局方式可以提升制作效率，设计人员可根据不同类型的特征合理选择符合需求的布局方式。

- 竖排列表布局。这是App界面设计常用的布局方式，能在手机屏幕大小受限的情况下展示更多内容，列表长度可以往下无限延伸，不受内容多少的限制，用户只需上下滑动手机屏幕，即可查看更多内容，这种布局方式常用于功能页和个人信息页。

- 横排方块布局。与竖排列表布局相反，横排方块布局是通过横向展示各种并列元素，左右滑动手机屏幕或点击界面两侧的箭头图标来查看内容的布局方式，也是功能页和分类页的常用布局方式。

- 大图展示布局。这是界面主要内容为图像的一种布局方式，常用于引导页和网站首页，对主体图像的美观度要求较高。

- 标签布局。这种布局方式常以标签的形式来区分文字内容，适合以文字为主的界面，常用于搜索页和分类页。

- **弹出框布局**。弹出框是对当前界面内容的一种补充，一般属于次要窗口。为了节省屏幕空间，在用户需要的时候点击或单击相应按钮，弹出框会出现在界面的顶部、中间或底部位置。
- **抽屉式布局**。抽屉式布局又称侧边栏布局，是将功能菜单放置在界面两侧的一种布局方式，在操作时可以将功能菜单从界面侧边栏中抽出来，如同打开抽屉一般，展开在当前界面中。相对于其他布局方式，抽屉式布局可以通过纵向排列切换项解决栏目个数较多的问题，不需要上下滑动界面来查看完整内容。
- **底部导航栏布局**。这是App界面设计常用的布局方式，设计既简单，又适合单手操作，通过位于底部导航栏上的不同按钮来切换界面，功能分布也比较清晰。

1.3　UI设计流程

在进行UI设计时，设计人员需要先分析设计需求，再绘制界面的原型图和视觉效果图，最后对设计好的界面进行标注和切图，这样得到的界面效果才更符合企业需求。

1.3.1　需求分析

在UI设计开始之前，设计人员需要先分析设计需求，整理思路，然后才能更有针对性地开展设计。

- **市场分析**。设计人员需要了解产品所在市场的整体趋势，包括市场容量、主要竞争对手、目标用户群等。这些信息有助于设计人员更好地理解产品的市场定位，从而确保UI设计能够与市场需求相契合。
- **用户分析**。深入了解目标用户是UI设计的核心。设计人员需要通过用户调研、用户画像等方式，明确用户的年龄、性别、职业等基本信息，以及用户的使用习惯、偏好和痛点。这样，设计人员才能创建出符合用户期望和需求的UI。
- **产品分析**。设计人员需要与产品经理紧密合作，明确产品的核心功能、特色以及预期目标；同时，详细地分析竞品，了解其优缺点，以便在UI设计中凸显产品的独特性和优势。

1.3.2　原型设计

原型设计是设计人员对产品的初步构想，涉及产品内容和结构的布局。这一阶段的主要目的是将抽象的需求转化为具体的界面布局和交互流程。在明确视觉定位后，设计人员使用计算机或手绘方式绘制原型图。

（1）信息架构

设计人员需要构建产品的信息架构，明确各个界面之间的关系和交互流程。这有助于确保用户在产品中能够轻松地找到所需信息。

（2）界面布局

设计人员将根据信息架构绘制出各个界面的原型图。这些原型图应清晰地展示出界面的主题、布局、元素等。

（3）交互设计

在原型图中，设计人员还需要考虑各界面的交互方式和跳转逻辑，如按钮的点击效果、各界面的跳转方式等。这些交互设计能够提升用户体验，使用户在操作时感到流畅和自然。

图1-28所示为某App的原型图效果，其中详细展示了App的各级界面构架。

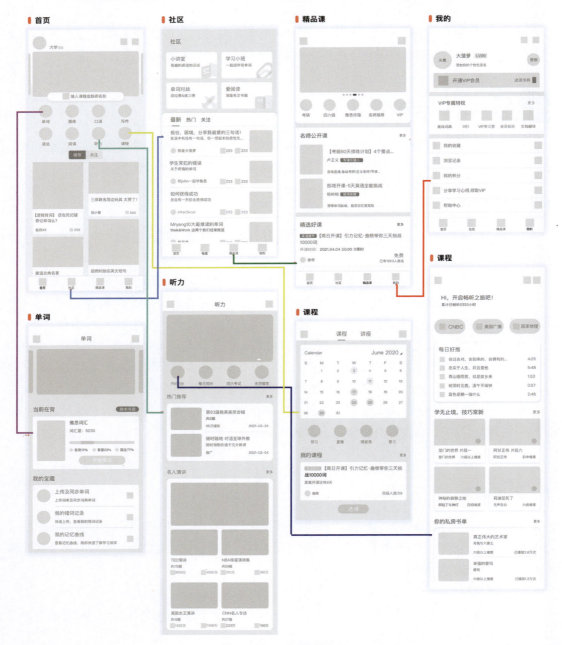

图1-28　原型图效果

1.3.3　视觉设计

完成原型图的绘制后，设计人员可搜集需要使用的素材并进行UI设计。

1.　搜集素材

素材搜集主要包括图像、视频和音效的搜集，以及文字类信息的搜集等。

● **图像、视频和音效的搜集。** 在进行UI设计时，常需要很多素材来包装产品界面，包括图像、视频和音效等多种形式。素材的搜集主要有3种方式，分别是网上搜集、绘制（绘制是指设计人员使用Photoshop、Illustrator等工具来绘制素材），以及实物拍摄（一般可在真实场景中进行拍摄，增强真实性，提高用户对产品的信任度和好感度）。

● **文字类信息的搜集。** 这里的文字类信息主要是指产品内容的信息，包括产品中的图标名称、按钮名称，以及展示过程中的文字叙述等。文字类信息主要是根据产品的特性、功能来进行搜集。在搜集信息的过程中，设计人员要兼顾信息的广泛性、准确性、及时性、系统性等，这样才能使搜集的信息更符合需求。

2.　确定风格

设计人员需要根据产品定位和用户需求，确定整体的视觉风格，如扁平化、拟物化等。同时，选择合适的色彩和字体样式，以营造出符合产品调性的视觉氛围。

3.　进行UI设计

完成素材的搜集并确定风格后，设计人员可根据原型图与搜集的素材进行UI设计。UI设计多使用Photoshop来完成，设计人员可先根据原型图的要求绘制出界面的主要形状，再按照设计要求添加或绘制素材，进行界面的制作。在设计时要注意界面的适用性、规范性、易操作性、统一性和层级性。图1-29所示为使用Photoshop进行UI设计的效果。

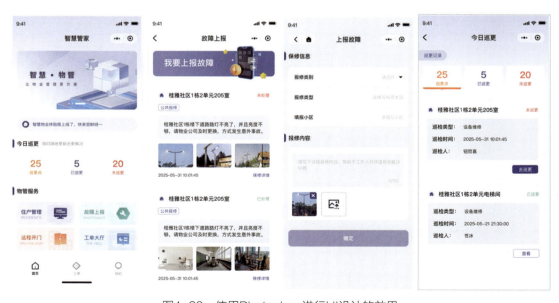

图1-29　使用Photoshop进行UI设计的效果

1.3.4 标注与切图

UI效果图绘制完成后，为了保证后期程序员在开发产品时能够准确、高效地还原界面，设计人员需要对设计出来的界面进行精确的尺寸标注与切图。合适、精准的标注与切图可以最大限度地还原设计图，起到事半功倍的效果。一般来说，设计人员会使用一些专业的标注工具来提高工作效率，如MarkMan（马克鳗）、PxCook（像素大厨）等工具，而进行切图则可以直接使用Photoshop。图1-30所示为使用PxCook对UI效果图进行标注。

图1-30　使用PxCook对UI效果图进行标注

1.4 课后练习

1. 填空题

（1）UI设计是指对_____、_____和_____等多个方面进行整体构思与设计。

（2）通过普通计算机程序来呈现人类智能的技术手段是_____。

（3）_____是电子设备屏幕对角线的长度单位。

2. 选择题

（1）【单选】通过相机、手机等设备拍摄的图像属于（　　）。

A. 三维图　　　　　　B. 动态图　　　　　　C. 位图　　　　　　D. 矢量图

（2）【单选】（　　）是逻辑像素的单位，属于绝对单位，不随屏幕像素密度的变化而改变。

A. 像素　　　　　　　B. 点　　　　　　　　C. 分辨率　　　　　D. 英寸

（3）【多选】UI设计的基本原则包括（　　）。

A. 适用性　　　　　　B. 适配性　　　　　　C. 统一性　　　　　D. 层级性

（4）【多选】适用性是衡量UI设计作品能否符合用户需求的标准，可分为（　　）。

A. 功能的适用性　　　B. 尺寸的适用性　　　C. 细节的统一性　　D. 尺寸的统一性

3. 操作题

（1）某软件因版本更新需要对软件各个界面重新设计，新设计效果如图1-31所示，其优美的视觉效果受到广大用户的一致好评。请从构图、布局、文字、色彩和风格5个方面分析该软件各个界面的特点。

图1-31　软件界面新设计效果

（2）某设计公司承包了一个以水果团购为主要功能的"水果淘淘"App的UI设计项目，该公司听取客户要求后，先为"水果淘淘"App策划一套完整的UI设计方案，方便后期开展工作。为了保障策划方案能被准确无误地制作出来，该公司员工需要从设计定位、规划构图与布局、选择色彩和风格、视觉设计4个方面进行策划，参考效果如图1-32所示。

图1-32　"水果淘淘"App参考效果

第 **2** 章

Photoshop
基础知识

UI 设计工作非常庞杂，且 UI 设计作品需兼容不同系统、平台和设备，因此需要选择一款具有强大设计功能，且能满足企业和设计人员多样化需求的软件。而 Photoshop 凭借丰富的编辑、绘图，以及处理图像、美化界面等功能，成为 UI 设计的常用软件之一，被广泛应用于 UI 设计的各个方面。

学习目标

▶ **知识目标**

◎ 熟悉 Photoshop 工作界面和基本操作。
◎ 掌握选择与绘制图像、应用图层的方法。
◎ 掌握合成图像的方法。

▶ **技能目标**

◎ 掌握选区的编辑方法。
◎ 学会使用工具绘制图形。
◎ 能够运用图层功能添加各种效果。

▶ **素养目标**

◎ 提升 UI 设计软件应用能力，将理论与实践相结合。
◎ 培养不断钻研的学习精神，以及良好的设计习惯。

STEP 1　相关知识学习　　　　　　　　　　建议学时：___3___学时

课前预习	扫码了解Photoshop在UI设计中的应用，提升对该软件的了解程度
课堂讲解	1. Photoshop的工作界面和基本操作 2. 选择与绘制图像、应用图层、合成图像
重点与难点	1. 学习重点："图层"面板、图层样式、画笔工具、文字工具组 2. 学习难点：钢笔工具、蒙版、滤镜

课前预习

STEP 2　技能巩固与提升　　　　　　　　　建议学时：___1___学时

课后练习	通过练习题巩固行业知识和软件操作，提升设计能力与实操能力

2.1　熟悉Photoshop

掌握Photoshop的使用方法是设计人员将想法变为现实的关键。而了解Photoshop的工作界面和基本操作，能为使用Photoshop打好基础。

2.1.1　Photoshop的工作界面

将一张图像拖曳到计算机中的Photoshop软件图标上，即可启动Photoshop，打开图2-1所示的工作界面（本书以Photoshop 2024为例进行讲解）。该界面主要由菜单栏、标题栏、图像编辑区、面板组、工具箱、工具属性栏、上下文任务栏和状态栏组成。

1. 菜单栏

菜单栏由"文件""编辑""图像""图层""文字""选择""滤镜""3D""视图""增效工具""窗口""帮助"12个菜单组成，每个菜单包含多个命令。若命令右侧标有▶符号，表示该命令还有子菜单；若某些命令呈灰色显示，则表示没有激活，或当前状态不可用。

2. 标题栏

标题栏位于图像编辑区上方，可显示当前图像文件的名称、格式、显示比例、颜色模式、所属通道和图层状态，以及"关闭"按钮✕。如果该图像文件未被存储过，则标题栏以"未命名+数字"的形式作为文件的名称。

图2-1　Photoshop 2024的工作界面

3. 图像编辑区

图像编辑区是Photoshop中用于查看或编辑图像的区域。Photoshop中所有的图像处理操作都在图像编辑区中完成。

4. 面板组

面板组是Photoshop工作界面中非常重要的组成部分，在其中可进行选择颜色、编辑图层、新建通道、编辑路径和撤销编辑等操作。可在Photoshop"窗口"菜单中打开和隐藏所需的各种面板；还可将鼠标指针移动到面板组的顶部标题处，按住鼠标左键不放并拖曳，以移动面板组的位置。另外，在面板组的选项卡上按住鼠标左键不放并拖曳，可将选项卡对应的面板拖离该组。单击面板组左上角的"展开面板"按钮 ，可打开隐藏的面板组；再次单击"折叠为图标"按钮 ，可还原为图标模式。

5. 工具箱

工具箱中集合了Photoshop的所有工具，可用于绘制图像、修饰图像、创建选区、调整图像显示比例等。工具箱的默认位置在Photoshop工作界面左侧，将鼠标指针移动到工具箱顶部，按住鼠标左键不放并拖曳，可将工具箱拖曳到界面其他位置。

单击工具箱顶部的 按钮，可以将工具箱中的工具以双列方式排列。单击工具箱中某工具的按钮便可选择该工具。若工具按钮右下角有 符号，表示该工具位于一个工作组中，其下还有隐藏工具，在该工具按钮上按住鼠标左键不放或单击鼠标右键，可显示该工具组中的所有工具。图2-2所示为工具箱中的所有工具。

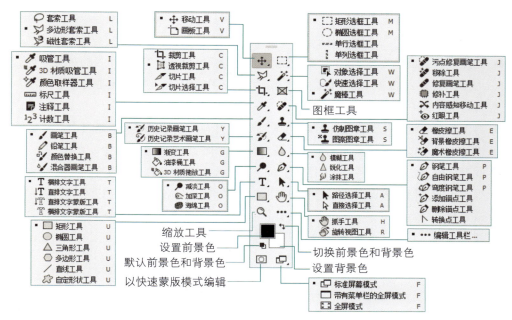

图2-2　工具箱中的所有工具

6. 工具属性栏

工具属性栏默认位于菜单栏的下方，当设计人员选择工具箱中的某个工具时，工具属性栏将显示该工具的参数设置选项。设置这些参数，可使工具的操作更精确。

7. 上下文任务栏

上下文任务栏用于显示当前工作流程中相关的后续步骤。例如，当选择了一个对象时，上下文任务栏会显示在图像编辑区上，并在其中提供可能出现的后续步骤选项。

8. 状态栏

状态栏位于图像编辑区的底部，左端显示当前图像的显示比例，在其中输入数值并按【Enter】键可改变图像编辑区的显示比例；中间默认显示当前图像文件的大小，单击右边的 ❯ 按钮，可在弹出的下拉菜单中设置中间区域的显示内容。

2.1.2 Photoshop的基本操作

使用Photoshop制作UI设计作品时，需要先熟悉Photoshop的基本操作，才能更好地提高工作效率。

1. 文件的基本操作

使用Photoshop进行UI设计时，先要在其中新建或打开文件，接着在设计过程中可通过置入的方式添加素材，当完成设计后，还需要保存并关闭文件。

● 新建文件。启动Photoshop，进入"主页"界面，单击左侧 新文件 按钮；或在工作界面中选择【文件】/【新建】命令；或按【Ctrl+N】快捷键，均可打开"新建文档"对话框，设置宽度、高度、分辨率等参数后，单击 创建 按钮。

- **打开文件**。选择【文件】/【打开】命令，或按【Ctrl+O】组合键打开"打开"对话框，选择需要打开的文件后，单击 打开(O) 按钮。
- **置入文件**。选择【文件】/【置入嵌入对象】命令，打开"置入嵌入的对象"对话框，选择需要置入的文件，单击 置入(P) 按钮，在图像编辑区中调整置入文件的大小和位置，按【Enter】键完成置入。
- **导出文件**。选择【文件】/【导出】命令，在打开的子菜单中可以进行多种导出任务，设计人员可按照所要导出的内容、范围和格式来选择需使用的命令。
- **保存文件**。选择【文件】/【存储】命令，或按【Ctrl+S】组合键打开"存储为"对话框，选定存储位置，单击 保存(S) 按钮即可保存文件。若要将文件以不同名称、格式、位置等再保存一份，可选择【文件】/【另存储】命令，或按【Ctrl + Shift + S】组合键。
- **关闭文件**。选择【文件】/【关闭】命令，或按【Ctrl+W】组合键，或按【Ctrl+F4】组合键，均可关闭当前文件。

> **操作小贴士**
>
> 为了避免忘记保存导致文件意外丢失的情况，可以使用Photoshop的自动保存文件功能。选择【编辑】/【首选项】/【文件处理】命令，打开"首选项"对话框，在"文件处理"栏中选中"自动存储恢复信息的间隔"复选框，并在其右侧的下拉列表中选择时间间隔选项（如"5分钟""10分钟""15分钟""30分钟""1小时"），然后单击 确定 按钮。

2. 调整文件的大小

Photoshop中图像文件的大小由图像的宽度、高度、分辨率决定。若需要调整文件大小，可采用以下3种方式调整。

- **"图像大小"命令**。选择【图像】/【图像大小】命令，打开"图像大小"对话框，修改宽度、高度、分辨率数值后，单击 确定 按钮。
- **"画布大小"命令**。图像编辑区即图像的显示区域，又称为画布，调整画布大小也可达到改变图像文件大小的目的。选择【图像】/【画布大小】命令，打开"图像大小"对话框，修改宽度、高度数值，并设置当前图像在新画布上的位置后，单击 确定 按钮。
- **裁剪工具**。在工具箱中选择"裁剪工具" 后，图像编辑区中将显示一个裁剪框，裁剪框内的图像为裁剪保留的区域，通过拖曳四周的边框可调节裁剪范围，按【Enter】键可完成裁剪操作。

3. 标尺、参考线和网格

Photoshop提供了多个辅助设计人员创作的工具，包括标尺、参考线和网格等，在UI设计中需要精确布局内容的情况下，这些工具可以有效地起到定位的作用。

- **标尺**。选择【视图】/【标尺】命令，或者按【Ctrl + R】组合键，可以在图像编辑区的顶部和左侧显示标尺，再次按【Ctrl + R】组合键可以隐藏标尺。
- **参考线**。将鼠标指针移至图像编辑区顶部或左侧的标尺处，按住鼠标左键不放并向图像编辑区内拖曳，鼠标指针会变成 或 状态，同时在右上角显示当前参考线的位置，松开鼠标后，可以在当前鼠标指针处创建一条参考线。

● 网格。选择【视图】/【显示】/【网格】命令，或者按【Ctrl+'】组合键，可以在图像编辑区内显示网格，再次按【Ctrl+'】组合键可隐藏网格。

2.2 选择与绘制图像

选择合适的图像进行编辑，可以提升其图像效果；而绘制图像既能丰富画面，又能解决素材不足的问题，两者都是UI设计的常用操作。

2.2.1 创建选区

选区是用于限定操作范围的闭合区域，可保护选区外的图像不受影响，只编辑选区内的图像。运用以下工具组中的工具创建选区，是一种常用且便捷的方式。

● 选框工具组。选框工具组内的"矩形选框工具" ▣ 用于创建矩形选区和正方形选区；"椭圆选框工具" ◯ 用于创建椭圆选区和圆选区；"单行选框工具" ▭ 用于创建高度为1像素的选区；"单列选框工具" ▯ 用于创建宽度为1像素的选区。

● 套索工具组。套索工具组内的"套索工具" ◯ 用于创建不规则的选区；"多边形套索工具" ⬦ 用于创建选区边缘是直线或折线的选区；"磁性套索工具" ⬦ 用于创建通过颜色差异自动识别区域边缘的选区，如图2-3所示。

图2-3　使用"磁性套索工具"创建选区

操作小贴士

使用"多边形套索工具" ⬦ 时，按住【Shift】键不放，可沿水平、垂直、45°方向创建线段；按【Delete】键，可删除最近创建的一条线段。

● 对象选择工具组。对象选择工具组内的"对象选择工具" ▦ 、"快速选择工具" ◰ 和"魔棒工具" ⬦ ，可快速为背景简单、边缘清晰的图像创建选区。

2.2.2 编辑选区

编辑选区仅对选区内的区域进行操作，主要是调整选区范围、选区边缘、选区状态等。

- **反向选区**。选择【选择】/【反选】命令，或按【Shift＋Ctrl+I】组合键可反向选择选区。
- **取消选区**。选择【选择】/【取消选择】命令，或按【Ctrl+D】组合键可取消选区。
- **变换选区**。选择【选择】/【变换选区】命令，选区的四周将出现定界框。当鼠标指针在选区内变为▶形状时，按住鼠标左键不放并拖曳控制点，可以等比例缩放选区的形状，不影响选区中的图像。
- **填充选区**。选择【编辑】/【填充】命令；或单击鼠标右键，在弹出的快捷菜单中选择"填充"命令，打开"填充"对话框，在其中可以设置使用色彩或图案填充选区的内部区域。
- **描边选区**。选择【编辑】/【描边】命令；或单击鼠标右键，在弹出的快捷菜单中选择"描边"命令，打开"描边"对话框，在其中可以设置颜色和位置参数来描摹选区边缘。
- **修改选区**。选择【选择】/【修改】命令，在弹出的子菜单中可选择"边界""平滑""扩展""收缩""羽化"命令来修改选区，在打开的对话框中可以设置对应的参数。

2.2.3 绘制图像

在工具箱底部设置前景色后，选择"画笔工具"，在工具属性栏中设置画笔笔尖样式、画笔大小、不透明度等参数，然后在图像编辑区中单击或涂抹，即可绘制带有前景色的图像。

"铅笔工具"、"混合器画笔工具"与"画笔工具"的功能类似，都用于绘制图像，使用方法也基本相同。但是，"铅笔工具"绘制出的图像比较硬朗，"混合器画笔工具"则可绘制出如水彩、油画等颜料混合的图像。

2.2.4 绘制矢量图

若要绘制规则的矢量图、Photoshop预设的矢量图，可运用形状工具组。若要自由绘制不规则的矢量图，可使用"钢笔工具"、"弯度钢笔工具"、"自由钢笔工具"，只是绘制前需要在工具属性栏中选择工具模式为"形状"。

- **形状工具组**。形状工具组内工具的使用方式都比较相似，只需选择任意工具，在图像编辑区中拖曳鼠标指针，便可绘制对应的图形。其中，使用"矩形工具"可绘制矩形或者圆角矩形，使用"椭圆工具"可绘制圆和椭圆，使用"三角形工具"可绘制三角形，使用"多边形工具"可绘制不同边数的正多边形和星形，使用"直线工具"可绘制具有不同粗细、颜色、箭头的直线，使用"自定形状工具"可绘制Photoshop预设的图形。
- **钢笔工具**。选择"钢笔工具"，在其工具属性栏中选择绘图模式为"形状"，并设置填充和描边属性后，在图像编辑区中依次单击创建锚点，形成直线段，通过绘制多条直线段并闭合形状，可绘制出边缘为直线的图形，如图2-4所示；在图像编辑区中单击确定第1个锚点，继续单击鼠标左键并拖曳，可形成曲线段，通过绘制多条曲线段并闭合形状，可绘制出边缘为曲线的图形，如图2-5所示。

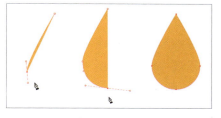

图2-4　绘制边缘为直线的图形　　　　　　　图2-5　绘制边缘为曲线的图形

- **自由钢笔工具**。该工具用于绘制形状更加自然、随意的图形。选择"自由钢笔工具"🖋，在图像编辑区内单击鼠标左键创建起始锚点，然后按住鼠标左键不放并拖曳，顺着移动轨迹将自动创建锚点生成线段。
- **弯度钢笔工具**。该工具用于绘制由平滑曲线和直线段构成的图形。选择"弯度钢笔工具"🖋，在图像编辑区中创建两个锚点后，在单击鼠标左键创建第3个锚点时，Photoshop将自动连接3个锚点，并且形成平滑的曲线。

2.3　应用图层

　　图层可以看作一张独立的透明胶片，完整的UI设计作品是由多个存在内容的图层按照顺序叠加起来构成的。上方图层中的图像显示效果在前，下方图层中的图像显示效果在后，并且会被上方图层中相同位置的图像内容遮挡。

2.3.1　图层的常见类型

　　图层有不同的类型，常见的主要有背景图层、普通图层、智能对象、文字图层和形状图层5种，如图2-6所示。

- **背景图层**。新建或打开文件时存在的图层为背景图层，该图层始终位于"图层"面板底部，不能添加图层样式和调整透明度。
- **普通图层**。普通图层是较为常见的一种图层，可以在其中进行一系列的操作。
- **智能对象**。智能对象也是智能图层，可以保留图像的源内容及其所有原始特性。
- **文字图层**。文字图层是输入文字时自动生成的图层。
- **形状图层**。形状图层是包含矢量图对象的图层，可以在放大的状态下保持图像的清晰度。使用形状工具组在"形状"模式下绘制图像后，Photoshop将在"图层"面板上自动创建容纳该图像的图层，即形状图层。

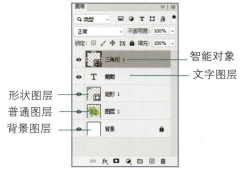

图2-6　图层的常见类型

2.3.2　图层的基本操作

掌握图层的基本操作可以更好地运用图层。在进行新建图层以外的图层基本操作前，先要选中所要操作的图层。

- 新建图层。选择【图层】/【新建】/【图层】命令，或单击"图层"面板中的"创建新图层"按钮⊞。

- 删除图层。选择【图层】/【删除】/【图层】命令，或按【Delete】键，或单击"图层"面板中的"删除图层"按钮🗑。

- 复制图层。按【Ctrl＋J】组合键，或选择【图层】/【复制图层】命令，或单击鼠标右键，在弹出的快捷菜单中选择"复制图层"命令。

- 合并图层。选择【图层】/【向下合并图层】命令，或按【Ctrl+E】组合键，或单击鼠标右键，在弹出的快捷菜单中选择"合并图层"命令。

- 栅格化图层。单击鼠标右键，在弹出的快捷菜单中选择"栅格化图层"命令。

- 对齐图层。选择【图层】/【对齐】命令，在弹出的子菜单中选择对齐方式的命令，即可对齐所选图层中的内容。

- 分布图层。选择【图层】/【分布】命令，在弹出的子菜单中选择分布方式的命令，即可调整所选图层中的内容。

- 链接图层。选择【图层】/【链接图层】命令，或单击"图层"面板中的"链接图层"按钮 🔗。

- 调整图层堆叠顺序。向上或向下拖曳图层，当显示移动的蓝色横线到达目标位置后，释放鼠标。

- 调整图层不透明度。在"图层"面板右上方的"不透明度"数值框中输入具体的数值，可以设置图层的不透明度，用于调整图层中图像的显示程度。

2.3.3　图层混合模式

图层混合模式能使相邻图层中的图像合成不同效果，从而带来不一样的视觉感受。Photoshop预设中提供了27种图层混合模式，默认状态下为"正常"。在"图层"面板中选择一个图层，单击面板顶部右侧的 正常 ，在弹出的图2-7所示的下拉列表中可查看所有的图层混合模式，每一组模式间用线分隔开，可分为6组，分别是组合模式、变暗模式、变亮模式、饱和度模式、差集模式、色彩模式，每一组的混合模式都可以产生相似的效果或是有着近似的用途。

- 组合模式。该组模式只有在降低图层的不透明度的前提下，才能产生效果。

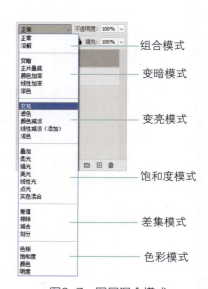

图2-7　图层混合模式

- **变暗模式**。该组模式可使图像变暗，在混合时当前图层的白色将被较深的颜色所代替。
- **变亮模式**。该组模式可使图像变亮，在混合时当前图层的黑色将被较浅的颜色所代替。
- **饱和度模式**。该组模式可增强图像的反差，在混合时50%的灰度将会消失，亮度高于50%灰色的图像可加亮图层颜色，亮度低于50%灰色的图像可降低图层颜色。
- **差集模式**。该组模式可比较当前图层和下方图层，若有相同的区域，该区域将变为黑色。不同的区域则会显示为灰度层次或彩色。若图像中出现了白色，则白色区域将会显示为下方图层的反相色，但黑色区域不会发生变化。
- **色彩模式**。该组模式可将色彩分为色相、饱和度、颜色和明度这4种成分，然后将其中的一种或两种成分互相混合。

图2-8所示为对所在矩形图层使用"颜色加深"和"强光"混合模式的不同效果。

图2-8　使用"颜色加深"和"强光"混合模式的不同效果

2.3.4　图层样式

为图层应用图层样式，可使图层中的图像具有真实的质感、纹理等特殊效果。在选择图层后，选择【图层】/【图层样式】命令，在弹出的子菜单中选择一种样式命令；或在"图层"面板底部单击"添加图层样式"按钮*fx*，在打开的下拉菜单中选择需要创建样式的命令；或双击需要添加图层样式的图层右侧的空白区域，都将打开"图层样式"对话框，如图2-9所示。设置相关参数后，单击 确定 按钮。

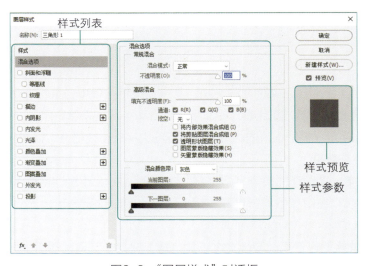

图2-9　"图层样式"对话框

图层样式共有11种，每种样式的作用如下。

- **混合选项**。用于控制当前图层与下方图层的混合方式。
- **斜面和浮雕**。用于为图像添加高光、阴影和雕刻般的效果。
- **描边**。用于使用颜色、渐变或图案对图像进行描边。
- **内阴影**。用于在图像边缘内侧添加阴影的效果。
- **内发光**。用于沿着图像边缘内侧添加发光效果。
- **光泽**。用于为图像添加光滑而有内部阴影的效果。
- **颜色叠加**。用于为图像叠加自定义颜色。
- **渐变叠加**。用于将图像中单一的颜色调整为渐变色，使图像上的颜色变得丰富多彩。
- **图案叠加**。用于为图像添加指定的图案。
- **外发光**。用于沿着图像边缘的外侧添加发光效果，与"内发光"样式相反。
- **投影**。用于为图像添加投影效果。

2.4 合成图像

要提升图像的美观度，可通过Photoshop的文字、蒙版、滤镜功能合成图像，从而提高UI设计作品的完整性和创新性。

2.4.1 添加文字

文字在UI设计中扮演着至关重要的角色。它不仅能够传递信息，也可以通过字体选择、排版方式来强化主题、明确主旨，还能丰富UI设计作品内容，增加其艺术效果。

1. 认识文字工具组

若要在Photoshop中添加文字内容，则离不开文字工具组。该工具组包括"横排文字工具" T、"直排文字工具" IT、"横排文字蒙版工具" T 和"直排文字蒙版工具" IT，分别用于输入水平排列的文字、垂直排列的文字、水平排列且带有选区效果的文字、垂直排列且带有选区效果的文字。

2. 输入文字

文字可分为点文字和段落文字两种类型，其中点文字是指单击鼠标左键插入文字定位点后，从该点开始输入的文字，并且输入的文字不会自动换行，只能在同一方向继续输入文字；段落文字是指在文字定界框中输入的、可自动换行的文字，通过调整文字定界框的大小还可以调整每行文字的字符数量。

- **输入点文字**。以选择"横排文字工具" T 为例，在工具属性栏中根据具体需求设置相关参数后，在图像中单击鼠标左键，插入文字定位点后可输入点文字，如图2-10所示。
- **输入段落文字**。以选择"横排文字工具" T 为例，在工具属性栏中根据具体需求设置相关参数后，在图像中按住鼠标左键不放并拖曳，生成文字定界框，在文字定界框内可输入段落文字，如图2-11所示。

图2-10　输入点文字

图2-11　输入段落文字

操作小贴士

在Photoshop中，点文字和段落文字可以互相转换。

（1）将点文字转换为段落文字：选择点文字所在的图层，选择【文字】/【转换为段落文本】命令；或单击鼠标右键，在弹出的快捷菜单中选择"转换为段落文本"命令。

（2）将段落文字转换为点文字：选择段落文字所在的图层，选择【文字】/【转换为点文本】命令；或单击鼠标右键，在弹出的快捷菜单中选择"转换为点文本"命令。

3．设置文字格式

输入文字时可在文字工具的工具属性栏中设置格式，也可使用"字符"面板（见图2-12）和"段落"面板（见图2-13）设置格式，这两个面板中除了包含工具属性栏中的参数，还增加了更多的文字格式参数。

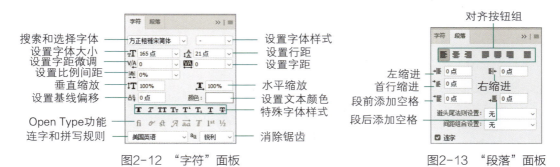

图2-12　"字符"面板　　　　　　　　图2-13　"段落"面板

2.4.2　添加蒙版

在进行UI设计时，常常会运用蒙版合成图像。在Photoshop中常用的蒙版类型是图层蒙版和剪贴蒙版，这两种类型的蒙版都可以在"图层"面板中添加。

- 添加图层蒙版。在"图层"面板中选中要添加蒙版的图层，单击面板底部的"添加蒙版"按钮 ，即可为该图层添加图层蒙版，然后设置前景色为黑色，再使用"画笔工具" 或"渐变工具" 涂抹想要遮盖的区域，图像将不显示涂抹部分的内容，如图2-14所示。
- 添加剪贴蒙版。在"图层"面板中选中要添加蒙版的图层，按【Alt+Ctrl+G】组合键；或单击鼠标右键，在弹出的快捷菜单中选择"创建剪贴蒙版"命令，即可为图层添加剪贴蒙版，如图2-15所示。

图2-14　创建图层蒙版　　　　　　图2-15　创建剪贴蒙版

- 添加矢量蒙版。选择素材图像，使用工具绘制路径，选择【图层】/【矢量蒙版】/【当前路径】命令，将基于当前路径添加矢量蒙版，如图2-16所示。
- 添加快速蒙版。打开图像文件，单击工具箱下方的"以快速蒙版模式编辑"按钮 ⬚，进入快速蒙版模式，使用"画笔工具" ✎ 在图像中涂抹，绘制的区域将呈半透明的红色蒙版显示，单击"以标准模式编辑"按钮 ⬛，将退出快速蒙版模式，之前呈红色蒙版显示的图像将位于生成的选区之外，如图2-17所示。

图2-16　添加矢量蒙版　　　　　　图2-17　添加快速蒙版

2.4.3　添加滤镜

Photoshop中的滤镜是一种插件模块，可以改变像素的位置和颜色，进而生成特殊效果。

1. 滤镜库

滤镜库可以同时为图像应用多种滤镜，以减少应用滤镜的次数，节省操作时间。只需选择【滤镜】/【滤镜库】命令，打开滤镜库对话框，在滤镜组列表中选择所需滤镜选项，如图2-18所示，单击 确定 按钮。

滤镜库中的滤镜按照效果被分为6种类型，各类型的作用如下。

- 风格化。用于生成绘画或印象派风格的效果。
- 画笔描边。用于模拟用不同画笔或油墨笔刷勾画图像时产生的效果。
- 扭曲。用于生成玻璃、海水和光照效果。
- 素描。用于生成不同类型的素描效果。
- 纹理。用于生成不同类型的纹理效果。

- **艺术效果**。用于生成传统的手绘图像效果。

图2-18　滤镜库对话框

2. 特殊滤镜

"滤镜"菜单中包含6个特殊滤镜。这些滤镜主要是一些不便于分类的独立滤镜，使用方法与滤镜库相似。

- **Neural Filters**。又叫AI神经网络滤镜，是基于AI和机器学习技术的滤镜工具，使用了神经网络模型来实现各种图像处理效果，包括面部编辑、人像增强、妆容迁移等，可以改变人物的面部表情、年龄、头发风格等，还可以实现艺术风格的转换、图像增强、风景混合、颜色转移等。
- **自适应广角**。用于调整图像的透视、焦距等，使图像产生类似于使用不同镜头拍摄的效果，如球面化、鱼眼镜头效果。
- **Camera Raw 滤镜**。用于调整图像的颜色、色温、色调、曝光、对比度、高光、阴影、清晰度、自然饱和度、饱和度等。
- **镜头校正**。用于修复因拍摄不当或相机自身问题而出现的图像扭曲问题。
- **液化**。用于实现图像的各种特殊效果，如推、拉、旋转、反射、折叠和膨胀图像的任意区域。
- **消失点**。使用该滤镜在选择的图像区域内进行克隆、喷绘、粘贴图像等操作时，会自动应用透视原理，按照透视的角度和比例自适应对图像做修改，大大节约制作时间。

3. 滤镜组

除特殊滤镜外，还有很多能够制作特殊效果的滤镜。由于这些滤镜数量较多，且各自针对的效果不同，因此它们被合理归类至不同类型的滤镜组中，如图2-19所示。

- **"3D"滤镜组**。用于模拟照相机的镜头来产生3D变形效果，使得扁平的图像看上去具有立体效果。

- ●"风格化"滤镜组。用于对图像的像素进行位移、拼贴及反色等操作。
- ●"模糊"滤镜组。用于通过降低图像中相邻像素的对比度，使相邻的像素产生平滑过渡的效果。
- ●"模糊画廊"滤镜组。用于快速制作照片模糊效果。
- ●"扭曲"滤镜组。用于扭曲变形图像。
- ●"锐化"滤镜组。常用于调整模糊的照片，使其更加清晰，但锐化过度可能会造成图像失真。
- ●"像素化"滤镜组。用于将图像中颜色相似的像素转化成单元格，使图像分块或平面化，一般用于增加图像质感，使图像的纹理更加明显。
- ●"渲染"滤镜组。用于模拟光线照明效果。在制作和处理一些风格照，或模拟在不同的光源下不同的光线照明效果时，可以使用该滤镜组。
- ●"杂色"滤镜组。用于处理图像中的杂点和添加杂点。
- ●"其它"滤镜组。用于处理图像的某些细节部分。

图2-19　滤镜组

2.5 课后练习

1. 填空题

（1）_____位于图像编辑区上方，可显示当前图像文件的名称、格式、显示比例、颜色模式、所属通道和图层状态。

（2）当选择了一个对象时，上下文任务栏会显示在_____上，并在其中提供可能出现的_____选项。

（3）新建文件的快捷键为_____。

（4）_____又叫AI神经网络滤镜，是基于AI和机器学习技术的滤镜工具。

2. 选择题

（1）【单选】用于模拟用不同画笔或油墨笔刷勾画图像时产生的效果的滤镜是（　　）。

A. 风格化　　　　　　B. 画笔描边　　　　　C. 扭曲　　　　　　D. 素描

（2）【单选】按（　　）组合键可以反向选择选区。

A.【Shift+Ctrl+T】　B.【Shift+Ctrl+I】　　C.【Shift+Ctrl+E】　D.【Shift+Ctrl+G】

（3）【多选】下列选项中，图层的类型包括（　　）。

A. 普通图层　　　　　B. 背景图层　　　　　C. 文字图层　　　　D. 形状图层

（4）【多选】下列选项中，属于"图层样式"对话框中的样式有（　　）。

A. 斜面和浮雕　　　　B. 描边　　　　　　　C. 内阴影　　　　　D. 光泽

3. 操作题

（1）某外卖App为了庆祝春节的到来，准备制作启动页，要求尺寸为1080像素×1920像素，突出"新年快乐"主题，同时弘扬传统文化，宣传外卖骑手坚守岗位、勤劳的工作态度，参考效果如图2-20所示。

（2）某公司开发了一款益智小游戏，要求使用提供的素材，制作尺寸为1080像素×1980像素的操作界面，参考效果如图2-21所示。

图2-20　外卖App春节启动页参考效果　　图2-21　益智小游戏操作界面参考效果

Ps

第 **3** 章

图标设计

在 UI 设计中，图标是具有高度概括性的、用于传达视觉信息的小尺寸图像，常与文字搭配使用。图标不仅能传达出丰富的信息，还能提升整个界面的美感和信息识别度。优秀的图标设计应具备简洁明了、易辨识、内涵明确等特点，也需要在实用性的基础上力求创新，以独特、美观的视觉效果吸引用户的注意力。

学习目标

▶ **知识目标**

◎ 了解图标的优势和分类。
◎ 掌握图标的设计规范和设计要点。

▶ **技能目标**

◎ 能够使用 Photoshop 设计不同类型的图标。
◎ 能够借助 AI 工具生成图标，获取创意灵感。

▶ **素养目标**

◎ 培养图标设计兴趣，具备丰富的想象力和创意。
◎ 具备严谨的工作态度，在图标设计中注重细节。

STEP 1 相关知识学习　　　　　　建议学时：___1___学时

课前预习	1. 扫码认识图案与图标，以便对图标有清晰认识
	2. 上网搜索图标设计案例，通过欣赏图标设计作品加深对图标的认识
课堂讲解	1. 图标的优势和分类
	2. 图标的设计规范和设计要点
重点与难点	1. 学习重点：线性、面性、扁平化、2.5D图标的含义与设计要点
	2. 学习难点：图标尺寸、图标绘制规范的相关内容

课前预习

STEP 2 案例实践操作　　　　　　建议学时：___4___学时

实战案例	1. 设计线性图标	**操作要点**	1. 参考线、形状工具组的运用，形状的运算
	2. 设计面性图标		2. 图层不透明度、编辑锚点
	3. 设计具象图标		3. 钢笔工具组、图层的基本操作
	4. 设计2.5D图标		4. 剪贴蒙版

案例欣赏

STEP 3 技能巩固与提升　　　　　　建议学时：___2___学时

拓展训练	1. 设计商务系列图标
	2. 设计果蔬系列图标
AI 辅助设计	1. 使用通义万相生成小袁宠物软件应用图标
	2. 使用Midjourney中文站的SD绘画模式生成家居系统图标
课后练习	通过练习题巩固行业知识和软件操作，提升设计能力与实操能力

3.1 行业知识：图标设计基础

图标（icon）是一种传递信息的图形符号，可以包含符号、图案、文字或这些元素的组合。图标可以为用户提供直观、快速的视觉指引，具有较强的识别性，这需要设计人员具备一定的视觉表达能力，掌握对应的设计规范。

3.1.1 图标的优势

图标在节省屏幕空间、不受地域语言限制、减少用户辨识时间以及提升整体视觉体验等方面具有显著优势。

- 节省屏幕空间。相较于冗长的文字描述，图标能以简洁的视觉形象传递操作信息，有效节省屏幕空间。例如，在个人中心页面，人物打电话形象的图标即可代替诸如"联系客服"等文字描述，仅需占据极小的空间。

- 不受地域语言限制。图标具有通用性，能够跨越地域和语言的障碍。经过不同平台的长期应用，许多图标已被广大用户所熟知，甚至成为国际通用的符号，如放大镜图标代表搜索，齿轮图标代表设置等。这种通用性使得用户即使在不了解应用文字的情况下，也能轻松理解图标含义并进行相应的功能操作。

- 减少用户辨识时间。人类大脑对图形、图像的处理速度远快于文字，且图形、图像更易于人类大脑记忆，因此图标能比文字更迅速地传递信息，引导用户快速接收并进行操作，从而有效减少用户的辨识时间。

- 提升整体视觉体验。一套设计精良的图标能够凭借其独特性、象征性、记忆性、应用性、组合性和变化性吸引用户，激发用户的点击欲望。同时，图标的统一性和一致性能够传递给用户统一的视觉感受。

3.1.2 图标的设计风格

图标是各类界面中不可或缺的部分，也是界面设计的重点。从表达形式上来说，图标主要可以分为线性图标、面性图标、具象图标和2.5D图标4种设计风格。

- 线性图标。线性图标的主体形象主要由线条构成，利用线与线的巧妙搭配，描绘出图标主体形象的形状和轮廓，赋予整个图标独特的设计感。在设计线性图标时，需要注意统一图标线条的宽度，并确保线段连接处的平滑处理、线条走向的连续性。图3-1所示为线性图标效果。

- 面性图标。面性图标利用面与面的搭配组成主体形象，使整个图标显得饱满，视觉均衡度较高。图3-2所示为面性图标效果。

图3-1　线性图标效果　　　　　　　　图3-2　面性图标效果

- 具象图标。具象图标是直接描绘具体事物或对象的图标，如汽车、飞机、动物等。这些图标与现实世界中的对象有直接的对应关系，因此更容易被用户识别和理解。在设计具象图标时，设计人员需要抓住对象的主要特征，用简洁的线条和形状进行表达，同时注重色彩的搭配和整体的美观性，以确保图标既具有可识别性又富有美感。图3-3所示为具象图标效果。

- 2.5D图标。2.5D图标的外观由物体的正面、侧面和顶面3面组成，视觉效果介于3D和2D之间，是一种模拟3D效果的图标，具有趣味真实、层次丰富的特点。图3-4所示为2.5D图标效果。

图3-3　具象图标效果　　　　　　　图3-4　2.5D图标效果

3.1.3 图标的设计规范

根据图标使用方式的不同需求，其尺寸和绘制规范存在差别。

1. 图标尺寸规范

根据运用范围的不同，图标可分为应用图标和功能图标。其对应的尺寸规范存在区别。

- 应用图标尺寸规范。应用图标即产品图标，主要显示在主屏幕上。这类图标应具有高度识别性，能够迅速传达应用的核心功能或品牌形象，设计时应注重简洁、独特且易于记忆。对于iOS系统，应用图标的尺寸通常是180像素×180像素，提交到App Store的应用图标尺寸为1024像素×1024像素。在Android系统中，应用图标的标准尺寸通常为192像素×192像素，以适配Android手机的高清屏幕。同时，还可能需要提供多种尺寸的图标以适应不同设备。

● **功能图标尺寸规范。**功能图标即系统图标，通过简洁、现代的图形表示计算机系统或软件中的一些常见功能，主要应用于导航栏、工具栏和标签栏等。由于屏幕分辨率和使用场景的差异，图标的尺寸也会有所不同。在iOS系统下，图标尺寸通常基于48像素进行4倍数的加减变化；而在Android系统下，图标尺寸则通常基于48像素进行8倍数的加减变化。具体尺寸可根据界面需求进行调整。图3-5所示为功能图标在Android系统下8倍数的加减变化。

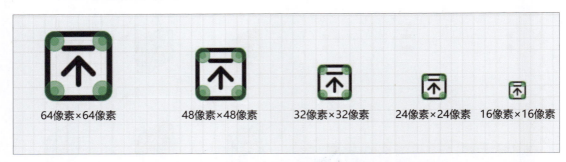

图3-5　功能图标在Android系统下8倍数的加减变化

2. 图标绘制规范

在进行图标设计时，需要按照一定的规范绘制图标。

● **安全区规范。**在设计图标时，需要使重要内容处于安全区内，以确保在不同尺寸和分辨率下重要内容都不被遮挡或裁剪，以保持一致的视觉效果。

● **对齐规范。**保持视觉对齐有助于提升图标的整体美观性和专业性。在设计图标时，应注意图标内部元素的对齐方式，以及多个图标之间的对齐关系。

● **线条规范。**图标的线条粗细可根据实际情况进行调整，但需要保持同场合应用时线条粗细的统一。

● **夹角规范。**出现夹角的地方需尽量统一，这有助于保持图标的几何美感和规律性。这一规范也适用于图标内部元素的夹角处理，以提升图标的整体协调性。

3.1.4　图标的设计要点

在进行图标设计时，除了需要遵循图标的尺寸规范和绘制规范外，还需要遵循以下设计要点。

● **具备识别性。**设计的图标要能准确地表示要表达的内容，避免出现误导、歧义。图3-6所示分别为表示播放、时间、日历功能的图标，用户只需通过图标外观样式即可了解图标表达的内容。

图3-6　表示播放、时间、日历功能的图标

● **具备共性和差异性**。只要用心观察就会发现，同一个产品中的一系列图标通常具有共性。但是，强调共性的同时，不能忽略图标之间的差异性。因为每个图标代表的含义和操作是不相同的，如果过于强调共性，就会弱化差异性，从而分不清各个图标的用途。因此，在设计图标时，要有合理的规划，既要强调共性，又要突出差异性。图3-7所示的图标兼具共性和差异性，这些图标采用相同的布局和展示方式体现共性，但其色彩和形状存在差异。

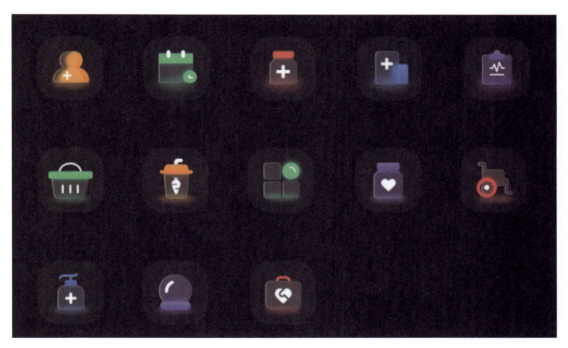

图3-7　具备共性和差异性的图标

● **风格统一**。风格统一是指在一组或一系列图标中，保持某些设计元素的一致性，来形成视觉上的和谐与整体感。风格统一不仅有助于提升UI的美观性，还能增强用户对图标的识别度和使用体验。在制作图标时，只要图标的视觉设计统一、选用元素统一，即可视为风格统一。图3-8所示的图标均采用毛玻璃风格进行设计。

图3-8　统一风格的图标

3.2 实战案例：设计线性图标

案例背景

　　某天气预报App因其实时更新和精准预报的特点，深受广大用户喜爱并成为他们日常生活中获取气象信息的便捷工具。为进一步提升用户体验和App辨识度，运营方准备采用线性风格重新设计App中的部分功能图标，具体要求如下。

　　（1）图标应简洁明了，具有高辨识度和记忆点，能够迅速传达图标代表的信息。

　　（2）图标分辨率为300像素/英寸（1英寸=25.4毫米），采用矢量图类型，尺寸为64像素×64像素。

　　（3）分别设计代表不同天气含义，以及日历和地图功能的图标，并展示图标应用于App中的效果。

设计思路

　　（1）图形设计。根据生活中的观察和体验，可知与天气较为相关的元素有云朵和阳光，可结合天气情况进行简要概括（如多云是云朵将太阳遮住，晴天没有云朵，只有太阳等）来绘制图形。日历图标设计可参考挂历的形象，更具识别性。在日常生活中，地图多采用图纸的方式展示，因此地图图标可设计为折叠的图纸形状。

　　（2）色彩设计。以蓝色为主色，代表广阔的天空，象征清新、自然和宁静。在天气图标中涉及太阳元素时，可使用黄色。

　　本例参考效果如图3-9所示。

天气图标效果

天气图标展示效果

日历图标效果　　日历图标展示效果

地图图标效果　　地图图标展示效果

图3-9　线性图标参考效果

操作要点

（1）使用参考线等辅助工具确定图标位置。
（2）使用矩形工具、椭圆工具等形状工具绘制基本图形。
（3）通过路径操作制作复杂图形。

操作要点详解

3.2.1　绘制天气图标

结合云朵和太阳形状，对天气图标的元素进行抽象化设计。绘制前可先建立参考线辅助定位，便于后续精准地绘制与对齐图形，再使用形状工具组绘制矢量形状，组成天气图标，具体操作如下。

微课视频

绘制天气图标

（1）新建名称为"天气图标"，尺寸为"400像素×400像素"，分辨率为"300像素/英寸"，颜色模式为"RGB颜色"的文件。

（2）选择【视图】/【标尺】命令显示标尺，将鼠标指针移动到左侧标尺上，按住鼠标左键不放，移动鼠标指针到图像编辑区的中间区域，释放鼠标添加参考线，如图3-10所示。使用相同的方法，从上方标尺拖曳一条水平参考线到图像编辑区的中间区域。

操作小贴士

由于图标的尺寸通常较小，如果直接按照绘制规范中的尺寸进行设计，会因为尺寸太小导致绘制时尺寸存在偏差，从而影响其展示效果。为了解决这个问题，在设计图标时可采用较大的尺寸，完成图标绘制后，再通过缩放的方式调整其大小，以满足实际的图标尺寸需求。

（3）选择"椭圆工具"，在工具属性栏中取消填充，设置"描边颜色"为"#0790e7"，"描边宽度"为"1点"，在图像编辑区的中间区域按住【Shift】键与鼠标左键不放进行拖曳，绘制大小为"170像素×170像素"的圆。选择"移动工具"，选中绘制的圆，将其拖曳到参考线的中间区域，使其居中对齐，如图3-11所示。

（4）再次选择"椭圆工具"，在工具属性栏中单击"路径操作"按钮，在打开的下拉列表中选择"合并形状"选项，然后在图像编辑区的左侧按住【Shift】键与鼠标左键不放进行拖曳，绘制大小为"95像素×95像素"的圆，此时可发现两个圆的交叉部分自动隐藏，如图3-12所示。在绘制过程中，如需要调整圆的交叉位置，使用"路径选择工具"选择圆，便可拖曳圆来调整位置。

（5）使用步骤（4）相同的方法，在右侧绘制大小为"120像素×120像素"的圆，此时可发现绘制的图形已经有云朵的形状，如图3-13所示。

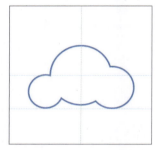

图3-10 添加参考线　　图3-11 移动圆　　图3-12 合并形状　　图3-13 合并另一个形状

（6）在两个圆的下方添加参考线，选择"矩形工具"，在工具属性栏中取消填充，设置"描边颜色"为"#0790e7"，"描边宽度"为"1点"；在工具属性栏中单击"路径操作"按钮，在打开的下拉列表中选择"合并形状"选项，然后在圆的下方依据参考线绘制矩形，此时可发现左右两个圆中间的区域被连接，由于整个形状的轮廓不够明显，因此选中整个形状并设置"描边宽度"为"3点"，完成云朵的制作，如图3-14所示。

（7）沿着云朵形状的各个夹角添加参考线，选择"椭圆工具"，在工具属性栏中取消填充，设置"描边颜色"为"#0790e7"，"描边宽度"为"3点"，按住【Shift】键与鼠标左键不放进行拖曳，绘制大小为"110像素×110像素"的圆，并将该圆的中点与左上方的参考线居中对齐，如图3-15所示。

（8）选择"矩形工具"，在工具属性栏中设置"填充"为"#0790e7"，取消描边，沿着左上角的参考线绘制大小为"12像素×26像素"的矩形，如图3-16所示。

（9）按【Ctrl+J】组合键复制矩形，使用"直接选择工具"选择复制的矩形，按【Ctrl+T】组合键，使其呈可变形状态，按住【Alt】键不放并选择矩形中间的锚点，将其拖曳到下方圆的中点上，在工具属性栏中设置"旋转角度"为"30°"，此时可发现复制的矩形自动旋转，如图3-17所示。

（10）多次按【Ctrl+Alt+Shift+T】组合键，对矩形进行旋转复制，完成光芒形状的制作，如图3-18所示。

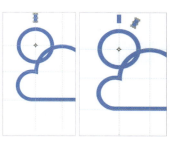

图3-14 绘制矩形1　　图3-15 绘制圆　　图3-16 绘制矩形2　　图3-17 复制并旋转矩形

（11）由于太阳和云朵中间有交叉部分，为了增加美观度可将云朵内部的光芒去除。直接使用"路径选择工具" ▶ 并按住【Shift】键将云朵内部的光芒形状同时选中，如图3-19所示。按【Delete】键删除云朵内部光芒形状后的效果如图3-20所示。

（12）选择太阳中的圆，选择"添加锚点工具" ⌀ ，在图3-21所示位置处单击，添加锚点。

图3-18 制作光芒形状　　图3-19 选择光芒形状　　图3-20 删除光芒形状　　　图3-21 添加锚点

（13）选择"直接选择工具" ▶ ，选择添加锚点下方的路径，按【Delete】键删除，如图3-22所示。

（14）选择整个太阳部分，将颜色修改为"#f7ef0f"，完成图标的绘制，按【Ctrl+;】组合键隐藏参考线，查看完成后的效果，如图3-23所示。

（15）使用相同的方法，新建"其他天气图标"文件并绘制其他天气图标，如图3-24所示。

图3-22 删除路径　　图3-23 修改颜色　　　图3-24 绘制其他天气图标

（16）为了方便在App中运用，可修改图标的大小。切换到"天气图标"文件，隐藏背景图层，按【Ctrl+Shift+Alt+E】组合键盖印图层，打开"属性"面板，设置"W"为"64像素"，此时图标将自动缩小到设置的大小。调整所有图标到文件左上角的位置，然后绘制大小为"64像素×64像素"的矩形，并将矩形移动到图标所有图层的下方。

（17）切换到"其他天气图标"文件，使用相同的方法，设置"W"为"64像素"，调整位置，完成所有天气图标大小的修改，并在所有图标的所有图层下方绘制矩形作为底纹，使图标符合功能图标尺寸规范，所有图标最终效果如图3-25所示。

操作小贴士

在图像处理或设计过程中，当面临需要精确缩小（或放大）一个长宽比例不相等的图形时，可手动设置图形长或宽中的一个尺寸数值，Photoshop将根据原始比例自动计算并调整另一个尺寸数值。这样，图形在缩放时就能保持其原始的比例和形状，避免产生变形。

（18）打开"天气预报App场景.psd"素材文件，将盖印并调整大小后的图标拖入其中，调整大小和位置，完成后保存文件，效果如图3-26所示。

图3-25 所有图标最终效果

图3-26 天气图标运用效果

3.2.2 绘制日历图标

根据现实中日历的形状绘制日历图标，可绘制圆角矩形作为日历主体轮廓，然后绘制小矩形制作日历图标的细节部分，具体操作如下。

微课视频

绘制日历图标

（1）新建名称为"日历图标"，尺寸为"400像素×400像素"，分辨率为"300像素/英寸"，颜色模式为"RGB颜色"的文件。

（2）在图像编辑区上方的中间区域添加十字形参考线。选择"矩形工具" □，在工具属性栏中取消填充，设置"描边颜色"为"#0790e7"，"描边宽度"为"3点"，"圆角半径"为"30像素"，按住鼠标左键不放进行拖曳，绘制大小为"170像素×140像素"的圆角矩形。选择"移动工具" ✛，选择绘制的圆角矩形，将其拖曳到参考线的中间区域，使其居中对齐，如图3-27所示。

（3）选择"矩形工具" □，在工具属性栏中设置"填充"为"#0790e7"，取消描边和半径，绘制大小为"12像素×35像素"的矩形。选择"移动工具" ✛，选择绘制的矩形，将其拖曳到圆角矩形顶部左侧，如图3-28所示。

（4）选择矩形，按住【Alt】键不放，向右拖曳复制矩形，然后向左拖曳再次复制矩形，完成后调整矩形的位置，如图3-29所示。

（5）选择"矩形工具" □，在工具属性栏中设置"填充"为"#0790e7"，绘制9个大小为"30像素×12像素"的矩形。选择"移动工具" ✛，依次选择绘制的矩形，将其拖曳到圆角矩形的中间，并调整矩形的位置，按【Ctrl+;】组合键隐藏参考线，完成日历图标的制作，如图3-30所示。

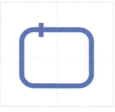

图3-27　移动圆角矩形　图3-28　移动矩形　图3-29　复制并移动矩形　图3-30　绘制并复制矩形

（6）为了方便在App中运用，可修改图标的大小。隐藏背景图层，按【Ctrl+Shift+Alt+E】组合键盖印图层，打开"属性"面板，设置"W"为"64像素"，此时日历图标将自动缩小到设置的大小，接着调整其位置至天气预报App界面的左上角。

（7）打开"天气预报App场景2.psd"素材文件，将盖印并调整大小后的图标拖入其中，调整大小和位置，完成后另存文件，修改文件名称为"日历图标运用效果"，效果如图3-31所示。

图3-31　日历图标运用效果

3.2.3　绘制地图图标

微课视频

绘制地图图标

绘制三折形状的地图图标时，可先绘制长方形，然后通过变形的方式调整形状，使其形成斜切的转折效果，具体操作如下。

（1）新建名称为"地图图标"，大小为"400像素×400像素"，分辨率为"300像素/英寸"，颜色模式为"RGB颜色"的文件。

（2）选择"矩形工具" ▢，在工具属性栏中取消填充，设置"描边颜色"为"#0790e7"，"描边宽度"为"1点"，在图像编辑区的中间区域按住鼠标左键不放进行拖曳，绘制大小为"63像素×120像素"的矩形，如图3-32所示。

（3）选择矩形，按住【Alt】键不放，向右拖曳复制矩形，然后向左拖曳再次复制矩形，完成后调整所有矩形的位置，如图3-33所示。

（4）沿着矩形创建参考线，并在参考线的下方和上方添加参考线，如图3-34所示。

（5）选择左侧矩形，按【Ctrl+T】组合键，使矩形呈可变形状态，在其上单击鼠标右键，在弹出的快捷菜单中选择"斜切"命令，如图3-35所示。

（6）选择右侧上方的锚点，向上拖曳使锚点与其上方的参考线对齐，如图3-36所示。

（7）选择右侧下方的锚点，向上拖曳使锚点与上方的参考线对齐，如图3-37所示。

（8）使用与步骤（6）和步骤（7）相同的方法，对其他矩形的锚点进行调整，使其形成三折效果，如图3-38所示。

（9）选择整个形状，设置"描边宽度"为"3点"，按【Ctrl+;】组合键隐藏参考线，查看完成后的效果，如图3-39所示。

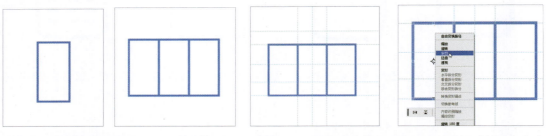

图3-32　绘制矩形　　图3-33　复制矩形　　图3-34　添加参考线　　图3-35　选择"斜切"命令

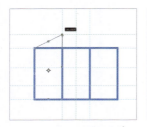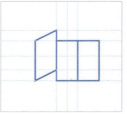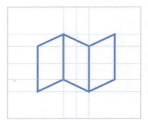

图3-36　调整锚点1　　图3-37　调整锚点2　　图3-38　调整其他矩形　　图3-39　完成后的效果

（10）为了方便在App中运用，可修改图标的大小。隐藏背景图层，按【Ctrl+Shift+Alt+E】组合键盖印图层，打开"属性"面板，设置"W"为"64像素"，此时地图图标将自动缩小到设置的大小，接着调整其位置至左上角。

（11）打开"天气预报App场景3.psd"素材文件，将盖印并调整大小后的图标拖入其中，调整大小和位置，完成后另存文件，修改文件名称为"地图图标运用效果"，效果如图3-40所示。

图3-40　地图图标运用效果

3.3　实战案例：设计面性图标

案例背景

某科技公司近期计划更新旗下产品的App界面，需要重新设计其中的邮件、搜索、定位等图标，从而提升用户体验，进一步提升公司形象，具体要求如下。

（1）图标采用面性风格，图标要简洁、美观。

（2）图标具有高辨识度和记忆点，需直观体现要表达的内容。

（3）图标分辨率为300像素/英寸，采用矢量图类型，尺寸为64像素×64像素。

设计思路

（1）图形设计。采用高度符号化的主体形象，直观传达功能信息，如邮件图标采用信封，搜索图标采用放大镜，定位图标采用定位针，便于用户迅速识别。同时，去除多余细节，使图标更简洁。

（2）色彩设计。以渐变色彩的底托和白色主体形象的结合为主，使用对比鲜明的色彩组合使图标突出，色彩和谐。

本例参考效果如图3-41所示。

邮件图标　　　　　搜索图标　　　　　定位图标　　　　　科技公司App其他图标效果

图3-41　科技公司App图标参考效果

操作要点

（1）使用不透明度增加图标的层次感。
（2）使用编辑锚点的方法对锚点进行调整。
（3）使用椭圆工具、矩形工具、三角形工具绘制图标。

操作要点详解

3.3.1　绘制邮件图标

结合信封形象进行邮件图标设计，在设计时可先绘制渐变的圆，再利用不透明度制作明暗效果，使其具有层次感，然后进行信封形象的绘制，具体操作如下。

微课视频

绘制邮件图标

（1）新建名称为"邮件图标"，尺寸为"400像素×400像素"，分辨率为"300像素/英寸"，颜色模式为"RGB颜色"的文件。

（2）选择"椭圆工具" ，在工具属性栏中单击"填充"右侧的色块，打开调整面板，单击"渐变"按钮 ，双击左下方的色标，打开"拾色器（色标）"对话框，设置颜色为"#9eff97"，单击 确定 按钮。

（3）返回调整面板，设置右侧色标的颜色为"#e4d100"，再调整色标的位置，设置"旋转渐变"为"-90"，如图3-42所示。

（4）在图像编辑区的中间区域按住【Shift】键与鼠标左键不放进行拖曳，绘制大小为"170像素×170像素"的圆，如图3-43所示。

（5）按【Ctrl+J】组合键复制圆，选择"直接选择工具" ，在工具属性栏中单击"填充"

右侧的色块，在打开的调整面板中，选择"灰度"选项，在其下方选择"白色"色块，单击圆上方的锚点并向下拖曳，使圆呈圆弧显示，如图3-44所示。

（6）打开"图层"面板，设置圆图层的"不透明度"为"25%"，此时可发现整个图标具有层次感，如图3-45所示。

  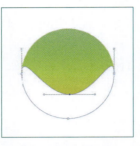 

图3-42　设置渐变参数　　图3-43　绘制圆　　　图3-44　调整锚点　　　图3-45　查看调整效果

（7）选择"矩形工具" ▢，在工具属性栏中设置"填充"为"#ffffff"，"圆角半径"为"10像素"，在圆上绘制大小为"90像素×70像素"的圆角矩形，如图3-46所示。

（8）选择"矩形工具" ▢，在工具属性栏中单击"路径操作"按钮 ▫，在打开的下拉列表中选择"减去顶层形状"选项。

（9）在圆角矩形的上方绘制大小为"60像素×4像素"的矩形，使用"路径选择工具" ▶ 选择并调整矩形位置，然后将该矩形旋转30°，如图3-47所示。

（10）使用与步骤（8）和步骤（9）相同的方法，绘制一个与步骤（9）相同大小的矩形，并对矩形进行旋转操作，如图3-48所示。

图3-46　绘制圆角矩形　　图3-47　绘制并旋转矩形1　　图3-48　绘制并旋转矩形2

（11）隐藏背景图层，按【Ctrl+Shift+Alt+E】组合键盖印图层，打开"属性"面板，设置"W"为"64像素"，此时图标将自动缩小到设置的大小，调整位置后保存文件。

3.3.2　绘制搜索图标

绘制搜索图标时，以放大镜为核心元素，搭配从紫色到粉色的渐变底托，使扁平的图标更具有美感，具体操作如下。

（1）新建名称为"搜索图标"，尺寸为"400像素×400像素"，分辨率为"300像素/英寸"，颜色模式为"RGB颜色"的文件。

（2）选择"椭圆工具" ◯，单击工具属性栏中"填充"右侧的色块，打开调整面板，单击"渐变"按钮 ▣，设置左侧色标的颜色为"#ff39b7"，右

微课视频

绘制搜索图标

侧色标的颜色为"#dc92ff"，调整左侧色标位置，在图像编辑区的中间区域绘制大小为"170像素×170像素"的圆，如图3-49所示。

（3）按【Ctrl+J】组合键复制圆，选择"直接选择工具" ，在工具属性栏中设置"填充"为"#ffffff"，单击圆上方的锚点并向下拖曳，使圆呈圆弧显示，然后设置该图层的"不透明度"为"25%"，如图3-50所示。

（4）选择"椭圆工具" ，设置"描边颜色"为"#ffffff"，"描边宽度"为"2.5点"，绘制大小为"58像素×58像素"的圆，代表放大镜的上半部分，效果如图3-51所示。

（5）选择"矩形工具" ，在工具属性栏中设置"填充"为"#ffffff"，"圆角半径"为"20像素"，在圆上绘制大小为"45像素×21像素"的圆角矩形，按【Ctrl+T】组合键，使图形呈可变形状态，旋转圆角矩形，使其作为放大镜的手柄，如图3-52所示。

图3-49　绘制圆　　图3-50　复制并调整形状　　图3-51　绘制圆　　图3-52　绘制圆角矩形

（6）隐藏背景图层，按【Ctrl+Shift+Alt+E】组合键盖印图层，打开"属性"面板，设置"W"为"64像素"，此时图标将自动缩小到设置的大小，调整位置后保存文件。

3.3.3　绘制定位图标

绘制定位图标时，仍延续之前的设计思路，以白色定位针作为核心图案，具体操作如下。

微课视频

绘制定位图标

（1）新建名称为"定位图标"，大小为"400像素×400像素"，分辨率为"300像素/英寸"，颜色模式为"RGB颜色"的文件。

（2）选择"椭圆工具" ，单击工具属性栏中"填充"右侧的色块，打开调整面板，单击"渐变"按钮 ，设置左侧色标的颜色为"#75d900"，右侧色标的颜色为"#f1ff8f"，调整两个色标位置，在图像编辑区的中间区域绘制大小为"170像素×170像素"的圆，如图3-53所示。

（3）按【Ctrl+J】组合键复制圆，选择"直接选择工具" ，在工具属性栏中设置"填充"为"#ffffff"，单击圆上方的锚点并向下拖曳，使圆呈圆弧显示，然后设置该图层"不透明度"为"25%"，如图3-54所示。

（4）选择"椭圆工具" ，设置"描边颜色"为"#ffffff"，"描边宽度"为"18像素"，绘制大小为"55像素×55像素"的圆，效果如图3-55所示。

（5）选择"三角形工具" ，在工具属性栏中设置"填充"为"#ffffff"，绘制大小为"55像素×40像素"的三角形，按【Ctrl+T】组合键使其呈可变形状态，单击鼠标右键，在弹出的快捷菜单中选择"垂直翻转"命令，然后调整三角形的位置，使其形成定位图标效果如图3-56所示。

图3-53　绘制圆

图3-54　复制并调整形状

图3-55　绘制圆

图3-56　绘制与调整三角形

（6）隐藏背景图层，按【Ctrl+Shift+Alt+E】组合键盖印图层，打开"属性"面板，设置"W"为"64像素"，此时图标将自动缩小到设置的大小，调整位置后保存文件。

（7）使用相同的方法，新建"其他图标效果"文件，绘制其他面性图标，栅格化各个图标，并对各个图标图层进行合并，方便后期调用，效果如图3-57所示。

图3-57　其他图标效果

3.4　实战案例：设计具象图标

📇 案例背景

某饮品店铺近期准备重新设计点餐小程序中外卖、自取功能的图标，以提升图标的识别度，具体要求如下。

（1）图标采用具象风格，其要简洁、美观，核心元素要与功能相契合。

（2）图标分辨率为300像素/英寸，采用矢量图类型，尺寸为600像素×600像素。

💡 设计思路

（1）图形设计。外卖功能图标可直接采用外卖人员送餐的场景作为设计点，而自取功能图标则可采用饮品的图案作为设计点，方便用户了解店铺的产品。

（2）色彩设计。外卖功能图标选用浅绿色为背景颜色，搭配嫩绿色、橙色、黑色、白色等，使整个图标具有识别性。自取功能图标仍采用浅绿色为背景颜色，搭配红色、白色和黄色等，使整个图标形象、美观。

本例参考效果如图3-58所示。

🔖 操作要点

操作要点详解

电子书P9～P13

（1）使用钢笔工具绘制外卖员和饮品形状。

（2）利用图层的基本操作整合绘制的形状。

外卖功能图标　　　　　　　自取功能图标　　　　　　　　　　　图标应用效果

图3-58　具象图标参考效果

3.4.1　绘制外卖功能图标

微课视频

绘制外卖功能图标

结合外卖员形象，使用钢笔工具绘制形态鲜明的图形。在绘制时，尽量简化轮廓，使图形更加现代、生动。具体操作如下。

（1）新建名称为"外卖功能图标"，尺寸为"600像素×600像素"，分辨率为"300像素/英寸"，颜色模式为"RGB颜色"的文件。

（2）选择"椭圆工具" <kbd>⬭</kbd>，在工具属性栏中设置"填充"为"#c7f8e7"，绘制大小为"400像素×400像素"的圆，如图3-59所示。

（3）选择"椭圆工具" <kbd>⬭</kbd>，在工具属性栏中设置"填充"为"#201e1f"，在圆的右侧绘制大小为"70像素×70像素"的圆；在工具属性栏中设置"填充"为"#e7e7e7"，在圆的相关图层上方绘制大小为"40像素×40像素"的圆；在工具属性栏中设置"填充"为"#928a88"，绘制大小为"13像素×13像素"的圆，完成一个轮胎的制作，如图3-60所示。

（4）选择"移动工具" <kbd>⊕</kbd>，在工具属性栏的"自动选择"下拉列表中选择"组"选项，按住【Shift】键不放，依次选择轮胎的所有图层，按【Ctrl+G】组合键，为选择的图层创建图层组，双击图层组中右侧的文字，使其呈可编辑状态，然后输入"轮胎1"。

（5）选择"轮胎1"图层组，按住【Alt】键不放向右拖曳复制图形和图层组，然后修改图层组名称为"轮胎2"，效果如图3-61所示。

图3-59　绘制圆　　　　　　　图3-60　绘制轮胎　　　　　　　图3-61　复制轮胎

（6）选择"矩形工具" <kbd>▭</kbd>，在工具属性栏中设置"填充"为"#45612d"，在右侧轮胎上方绘制大小为"5像素×24像素"的矩形，用作车杠，如图3-62所示。

（7）在"图层"面板中单击"创建图层"按钮 □ 新建图层。选择"钢笔工具" ⌀，在工具属性栏的"选择工具模式"下拉列表中选择"路径"选项，在右侧车轮的左侧单击，确定起始锚点，然后在下一个位置单击创建新锚点，使用相同的方法，向右拖曳绘制其他路径，效果如图3-63所示。

（8）按住鼠标左键不放向上拖曳形成曲线，如图3-64所示。继续创建锚点，直到将鼠标指针移动到起始锚点的位置，单击闭合路径，绘制出一个完整的路径。

（9）设置前景色为"#81dc78"，按【Ctrl+Enter】组合键将路径转换为选区，再按【Alt+Delete】组合键在选区内部填充前景色，如图3-65所示，完成后按【Ctrl+D】组合键取消选区。

图3-62　绘制矩形　　　　图3-63　绘制路径　　　　图3-64　绘制带　　　图3-65　填充颜色
　　　　　　　　　　　　　　　　　　　　　　　　　　　　　　　　弧度的路径

（10）新建图层，继续使用"钢笔工具" ⌀ 绘制车的左侧部分路径，按【Ctrl+Enter】组合键将路径转换为选区，设置前景色为"#81dc78"，再按【Alt+Delete】组合键填充前景色，效果如图3-66所示。

（11）新建图层，继续使用"钢笔工具" ⌀ 绘制车箱部分路径，按【Ctrl+Enter】组合键将路径转换为选区，设置前景色为"#65cd5b"，再按【Alt+Delete】组合键填充前景色。使用相同的方法，在车尾部分绘制后灯路径，将路径转换为选区后填充"#e4c008"颜色，效果如图3-67所示。

（12）选择"矩形工具" □，在工具属性栏中设置"填充"为"#98dd91"，在车箱部分上方绘制3个大小为"60像素×5像素"的矩形，如图3-68所示。

（13）选择"矩形工具" □，在工具属性栏中设置"填充"为"#81dc78"，在车头部分绘制大小为"13像素×130像素"的矩形，如图3-69所示。

图3-66　绘制形状　　　图3-67　车身部分　　　图3-68　绘制装饰部分　　图3-69　绘制车头部分

（14）新建图层，继续使用"钢笔工具" ，绘制前灯路径，将路径转换为选区后将前灯颜色填充为"#81dc78"，灯光部分的颜色填充为"#e4c008"，效果如图3-70所示。

（15）选择"矩形工具" ，在工具属性栏中设置"填充"为"#72693c"，"圆角半径"为"10像素"，绘制大小为"137像素×9像素"的圆角矩形，用作车座，如图3-71所示。

（16）选择"矩形工具" ，在工具属性栏中设置"填充"为"#f0ac79"，"圆角半径"为"10 像素"，绘制大小为"82像素×82像素"的圆角矩形，用作外卖箱。再次选择"矩形工具" ，设置"填充"为"#ec873d"，在外卖箱内绘制大小为"82像素×12像素"的矩形，用作外卖箱的装饰线条，如图3-72所示。

（17）继续使用"钢笔工具" ，按照前面相同的方法，绘制外卖员人物形象。绘制时每一个部分需要单独存放在不同的图层中。完成后的效果如图3-73所示。

图3-70 绘制前灯   图3-71 绘制车座   图3-72 绘制外卖箱   图3-73 完成后的效果

（18）隐藏背景图层，完成后保存文件。

3.4.2 绘制自取功能图标

在绘制自取功能图标时，可先绘制饮品的瓶身部分，然后对瓶盖和吸管部分进行绘制，具体操作如下。

（1）新建名称为"自取功能图标"，尺寸为"600像素×600像素"，分辨率为"300像素/英寸"，颜色模式为"RGB颜色"的文件。

（2）选择"椭圆工具" ，在工具属性栏中设置"填充"为"#c7f8e7"，绘制大小为"400像素×400像素"的圆。

（3）新建图层，使用"钢笔工具" 在"路径"工具模式下绘制瓶身部分，按【Ctrl+Enter】组合键将路径转换为选区，设置前景色为"#ff7175"，再按【Alt+Delete】组合键填充前景色，效果如图3-74所示。

（4）新建图层，继续使用"钢笔工具" 绘制瓶身的阴影部分，按【Ctrl+Enter】组合键将路径转换为选区，设置前景色为"#e24b57"，再按【Alt+Delete】组合键填充前景色，效果如图3-75所示。

（5）新建图层，继续使用"钢笔工具" 绘制瓶身的高光部分，将路径转化为选区后填充为"#ff9e99"颜色，效果如图3-76所示。

（6）选择"椭圆工具" ，在工具属性栏中设置"填充"为"#ff9e99"，在瓶身处绘制3个大小为"16像素×16像素"的圆，表示饮品的气泡，如图3-77所示。

（7）选择"椭圆工具"，在工具属性栏中设置"填充"为"#fff2f0"，在饮料盖处绘制大小为"165像素×185像素"的椭圆，如图3-78所示。

（8）选择"矩形工具"，在工具属性栏中单击"路径操作"按钮，在打开的下拉列表中选择"减去顶层形状"选项，然后在椭圆的下半部分绘制矩形，此时可发现椭圆与矩形的交叉部分自动隐藏，饮料盖效果如图3-79所示。

图3-74　绘制瓶身　　　图3-75　绘制阴影　　　图3-76　绘制高光　　　图3-77　绘制气泡

（9）选择"矩形工具"，在工具属性栏中设置"填充"为"#fcebb1"，"圆角半径"为"20像素"，绘制大小为"175像素×36像素"的圆角矩形，如图3-80所示。

（10）新建图层，继续使用"钢笔工具"绘制吸管路径，按【Ctrl+Enter】组合键将路径转换为选区，设置前景色为"#e24b57"，再按【Alt+Delete】组合键填充前景色，效果如图3-81所示。

 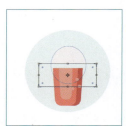  

图3-78　绘制椭圆　　　图3-79　绘制饮料盖　　　图3-80　绘制圆角矩形　　　图3-81　绘制吸管

（11）隐藏背景图层，完成后保存文件。

3.5　实战案例：设计2.5D图标

案例背景

"挥墨"是一款绘画教学App，其运营商为了提升App的影响力，准备采用2.5D风格重新设计应用图标和系统图标（如礼品、集市、课堂、百宝箱等），具体要求如下。

（1）图标采用2.5D风格，其要具备视觉吸引力和识别度。

（2）图标分辨率为300像素/英寸，采用矢量图类型，应用图标的尺寸为192像素×192像素，其他图标的尺寸为72像素×72像素。

💡 设计思路

（1）图形设计。采用与绘画教学紧密相关的元素，如画笔、墨迹或画板，作为应用图标的核心元素。系统图标多采用直观、简洁的图形表示，因此在设计礼品图标时可直接按照礼品盒形象进行绘制。

（2）色彩设计。以蓝色作为图标的主色，象征宁静、深邃和专业性。礼品图标可以粉色为主色，展现出礼物的精致与温馨。其他图标颜色可根据图标的内容进行调整。

本例参考效果如图3-82所示。

应用图标　　　系统图标　　　　　其他系统图标

图3-82　2.5D图标参考效果

🗔 操作要点

（1）使用剪贴蒙版制作高光效果。
（2）使用钢笔工具绘制图形的立体效果。

操作要点详解

3.5.1　绘制"挥墨"应用图标

结合程序名称制作应用图标，先绘制图标形状，然后绘制毛笔形状，具体操作如下。

微课视频

绘制"挥墨"应用图标

（1）新建名称为"'挥墨'应用图标"，尺寸为"300像素×300像素"，分辨率为"300像素/英寸"，颜色模式为"RGB颜色"的文件。

（2）设置前景色为"#6578a2"，新建图层，选择"钢笔工具" ✏️，在图像编辑区中绘制墨点路径，绘制完成后按【Ctrl+Enter】组合键将路径转换为选区，效果如图3-83所示。

（3）按【Ctrl+J】组合键复制图层，按住【Ctrl】键不放，单击复制的墨点图层前的缩览图，载入选区。然后选择"渐变工具" 🔲，在工具属性栏中单击"点击可编辑渐变"按钮 ▨，打开"渐变编辑器"窗口，双击左下方的色块，打开"拾色器（色标颜色）"窗口，设置颜色为"#3f4f71"。返回"渐变编辑器"窗口，打开"拾色器（色标颜色）"窗口，设置颜色为"#6e83b1"，单击 确定 按钮，完成颜色的设置。完成后单击 确定 按钮，如图3-84所示。

（4）在工具属性栏中单击"线性渐变"按钮 🔲，在图像编辑区中，自上而下拖曳鼠标指针以添加渐变效果，效果如图3-85所示。

（5）将前景色设置为"#fff3bc"，新建图层，选择"钢笔工具" ✏️，在图像编辑区中绘制毛笔笔头路径。绘制完成后按【Ctrl+Enter】组合键将路径转换为选区，再按【Alt+Delete】组合键填充前景色，效果如图3-86所示。

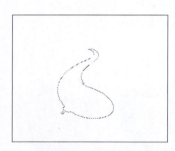

图3-83　绘制路径　　　　图3-84　设置渐变颜色　　　　图3-85　添加渐变颜色

（6）将前景色设置为"#233665"，新建图层，选择"钢笔工具" ⌀，在毛笔笔头的上方绘制笔斗路径。绘制完成后按【Ctrl+Enter】组合键将路径转换为选区，再按【Alt+Delete】组合键填充前景色，效果如图3-87所示。

（7）将前景色设置为"#c28843"，新建图层，选择"钢笔工具" ⌀，在毛笔笔斗的上方绘制笔杆路径。绘制完成后按【Ctrl+Enter】组合键将路径转换为选区，再按【Alt+Delete】组合键填充前景色，效果如图3-88所示。

（8）将前景色设置为"#fffced"，在毛笔笔头图层的上方新建图层，选择"钢笔工具" ⌀，在毛笔笔头的左侧绘制高光路径。绘制完成后按【Ctrl+Enter】组合键将路径转换为选区，再按【Alt+Delete】组合键填充前景色，然后按【Ctrl+Alt+G】组合键创建剪贴蒙版，效果如图3-89所示。

图3-86　绘制笔头　　　图3-87　绘制笔斗　　　图3-88　绘制笔杆　　　图3-89　绘制高光

（9）将前景色设置为"#dbc77a"，在高光图层的上方新建图层，选择"钢笔工具" ⌀，在毛笔笔头的中间绘制暗部路径。绘制完成后按【Ctrl+Enter】组合键将路径转换为选区，再按【Alt+Delete】组合键填充前景色，然后按【Ctrl+Alt+G】组合键创建剪贴蒙版，效果如图3-90所示。

（10）将前景色设置为"#222732"，新建图层，选择"钢笔工具" ⌀，在笔头的下方绘制黑色笔尖路径。绘制完成后按【Ctrl+Enter】组合键将路径转换为选区，再按【Alt+Delete】

组合键填充前景色，然后按【Ctrl+Alt+G】组合键创建剪贴蒙版，效果如图3-91所示。

（11）使用相同的方法，绘制笔头的其他区域，填充颜色分别为"#8c96ae""#eff2f5"，然后按【Ctrl+Alt+G】组合键创建剪贴蒙版，效果如图3-92所示。

（12）将前景色设置为"#dacf9d"，新建图层，选择"钢笔工具" ⬚，在笔头的下方绘制黄色阴影，然后填充前景色，按【Ctrl+Alt+G】组合键创建剪贴蒙版，效果如图3-93所示。

图3-90　绘制暗部　　图3-91　绘制笔尖　　图3-92　绘制其他亮部　　图3-93　绘制黄色阴影

（13）使用相同的方法，在笔斗图层上，绘制笔斗的其他阴影和高光区域，填充颜色分别为"#8c96ae""#152752"，然后按【Ctrl+Alt+G】组合键创建剪贴蒙版，效果如图3-94所示。

（14）使用相同的方法，在笔杆图层上，绘制笔杆的其他阴影和高光区域，填充颜色分别为"#a2631f""#e1aa52""#f8ebd7""#8b6333"，然后按【Ctrl+Alt+G】组合键创建剪贴蒙版，效果如图3-95所示。

（15）选择"椭圆工具" ⬚，在工具属性栏中设置"填充"为"#5d709a"，在图像的底部绘制1个大小为"180像素×64像素"的椭圆，按两次【Ctrl+J】组合键，复制两个椭圆，调整圆的位置，并将顶部圆的颜色修改为"#93aed6"。选择整个图标，将图标的大小修改为"192像素×192像素"，效果如图3-96所示，完成后保存文件。

图3-94　绘制笔斗阴影和高光　　图3-95　绘制笔杆阴影和高光　　图3-96　完成后的效果

3.5.2　绘制礼物图标

礼物图标可直接采用礼物包装盒的效果作为参考，通过不同角度的3个面组合，形成图标的立体效果，然后通过颜色的调整，使图标更具有美观度。在设计时先绘制图标的一个面，然后绘制其他面和蝴蝶结部分，具体操作如下。

（1）新建名称为"礼品图标"，尺寸为"300像素×300像素"，分辨率为"300像素/英寸"，颜色模式为"RGB颜色"的文件。

（2）选择"矩形工具" □，在工具属性栏中设置"填充"为"#ff6a95"，绘制大小为"104像素×84像素"的矩形，如图3-97所示。

（3）按【Ctrl+T】组合键使图形呈可变形状态，在图形上方单击鼠标右键，在弹出的快捷菜单中选择"斜切"命令，向左拖曳左下角的锚点，可发现图形逐渐变形。使用相同的方法调整其他锚点，完成后的图形呈菱形显示，效果如图3-98所示。

（4）选择"钢笔工具" ⌀，在工具属性栏的"选择工具模式"下拉列表中选择"形状"选项，设置"填充"为"#f7eef3"，在菱形的上方绘制倾斜的矩形，用作丝带，如图3-99所示。

（5）使用相同的方法，选择"钢笔工具" ⌀绘制礼盒交叉的丝带，如图3-100所示。

图3-97　绘制矩形　　图3-98　变形矩形　　图3-99　绘制丝带　　图3-100　绘制交叉丝带

（6）选择"钢笔工具" ⌀，在工具属性栏的"选择工具模式"下拉列表中选择"形状"选项，设置"填充"为"#cfd1d1"，在丝带中间的交叉处，绘制蝴蝶结下半部分一边的形状，如图3-101所示。

（7）使用和步骤（6）相同的方法在右侧绘制蝴蝶结下半部分另一边的形状，然后在上方绘制蝴蝶结左右形状，并设置"填充"分别为"#fbb2c6"和"#ffd0de"如图3-102所示。

图3-101　绘制蝴蝶结部分形状　　　　图3-102　绘制蝴蝶结左右形状

（8）选择"钢笔工具" ⌀，设置"填充"为"#f13f6f"，在蝴蝶结的中间绘制阴影部分，如图3-103所示。

（9）选择"钢笔工具" ⌀，设置"填充"为"#e42f64"，在左侧面和右侧面分别绘制菱形，注意倾斜角度要与上方的菱形统一，并修改"填充"为"#c91f50"，如图3-104所示。

图3-103　绘制阴影　　　　　　图3-104　绘制其他面

（10）选择"钢笔工具" ✎，设置"填充"为"#ffffff"，在两侧面分别绘制丝带，打开"图层"面板，设置"不透明度"为"40%"，如图3-105所示。

（11）使用"钢笔工具" ✎，在左侧面和顶面的中间部分绘制矩形，并设置"填充"为"#f1406f"，如图3-106所示。

（12）使用"钢笔工具" ✎，在右侧面和顶面的中间部分绘制矩形，并设置"填充"为"#e42f64"，如图3-107所示。

（13）使用"钢笔工具" ✎，在中间矩形部分分别绘制丝带，设置"填充"为"#ffffff"，"不透明度"为"60%"，完成礼品图标的制作，效果如图3-108所示，最后保存文件。

图3-105　绘制丝带　图3-106　绘制左侧矩形　图3-107　绘制右侧矩形　图3-108　完成后的效果

（14）参考前面的步骤和方法，新建"其他2.5D图标"文件，绘制其他2.5D图标，完成后保存文件，效果如图3-109所示。

图3-109　其他2.5D图标

3.6 拓展训练

实训 1　设计商务系列图标

实训要求

（1）某设计公司需要设计一套商务系列图标，以计算机和资料册为核心元素进行设计，图标尺寸为400像素×400像素。

（2）采用面性图标风格，图标简洁、美观，避免过多的细节和复杂的图案。

（3）使用渐变色作为图标的主色，整体和谐、统一。

操作思路

（1）使用"椭圆工具" ◯ 绘制渐变颜色的圆。

（2）使用"钢笔工具" ⚲.围绕圆的对角线和圆弧绘制路径，并设置不透明度，完成图标底纹的制作。

（3）使用"矩形工具" ▢.分别绘制圆角矩形，使其形成计算机形状。

（4）使用"三角形工具" △.绘制多个三角形，用于美化图标。

（5）使用相同的方法，结合形状工具组绘制资料图标。

具体设计过程如图3-110所示。

①绘制圆　　②绘制路径　　③绘制计算机形状　　④绘制三角形　　⑤绘制资料图标

图3-110　商务系列图标设计过程

实训 2　设计果蔬系列图标

实训要求

（1）某果蔬销售App近期准备更新版本，为提升视觉效果，需要重新制作系统图标，图标尺寸为400像素×400像素，采用具象风格进行设计。

（2）采用与果蔬相同的颜色作为图标颜色，如西红柿以红色为主色，西梅以紫色为主色，青菜以绿色为主色。

操作思路

（1）绘制西红柿图标。使用"椭圆工具" ◯.绘制椭圆，用作西红柿的形象；使用"直接选择工具" ▷.，调整椭圆形状。

（2）使用"钢笔工具" ⚲.绘制西红柿顶部的阴影部分，使整个形状更加立体。

（3）使用"钢笔工具" ⚲.绘制西红柿顶部的西红柿叶柄部分。

（4）使用和步骤（1）～步骤（3）相同的方法绘制其他图标。

具体设计过程如图3-111所示。

①绘制椭圆　　②绘制阴影　　③绘制叶柄　　　　④绘制其他图标

图3-111　果蔬系列图标设计过程

3.7 AI辅助设计

通义万相　生成小袁宠物软件应用图标

　　通义万相是阿里企业研发的组合式生成模型，通过对配色、布局、风格等图像设计元素进行拆解，再创造数字化高清重现效果，为设计人员提供高度可控性和极大自由度的图像生成功能。在基础文生图功能中，通义万相根据文字内容可以生成多种风格的图像，如水彩画、扁平插画、二次元插画、油画、中国画、3D卡通插画和素描等。此外，通义万相还提供了相似图像生成功能，设计人员上传任意图像后，系统可以根据该图像进行创意发散，生成内容和风格相似的AI画作。更值得一提的是，该模型在业内率先支持图像风格迁移，即设计人员上传原图和风格图后，系统能自动将原图转化为指定风格的图像。例如，使用通义万相生成小袁宠物软件应用图标，设计人员可在生成的应用图标中选择合适的对象。

使用方式：文生图

使用方式：输入关键词

关键词描述方式：作品类型+主要元素+风格+色彩+其他细节

示例参数：模式为文本生成图像／万相2.0极速

关键词：小袁宠物，软件图标，UI设计，猴子形象，圆中添加宠物，平面、简约风格，蓝色，明亮，线条简约

创意模板：风格/描线插画

生成尺寸：1：1

示例效果：

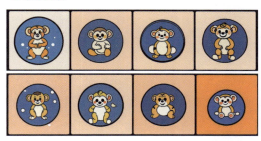

Midjourney 中文站　生成家居系统图标

　　Midjourney中文站是一款功能强大的AI绘画工具，该工具允许设计人员输入关键词，然后通过AI快速、稳定地生成各种风格的高质量图片。这些图片可应用于艺术创作、设计、教育、娱乐、广告等多个领域。Midjourney中文站提供MJ绘画、SD绘画、Dall绘画3种类型的绘画模式，设计人员可根据不同的需求进行选择。

　　● MJ绘画。侧重于设计人员通过输入关键词或添加图片来生成图像。

- ● SD绘画。注重快速、高效地创作，能够支持各种风格的创作。
- ● Dall绘画。侧重于根据关键词自动生成匹配的图像，强调文本到图像的转换能力。

例如，使用Midjourney中文站生成家居系统图标。

使用方式：文生图

使用方式：输入关键词
关键词描述方式：主体类型描述+具体要求+艺术风格+色彩要求
主要参数：模式、模型广场、生成尺寸

示例参数：模式为SD绘画／文生图
关键词：家居系统图标，UI设计，多个图标、沙发、书桌、餐桌、椅子等形象，背景简洁，风格现代、抽象，去掉细节，色彩鲜艳、明亮，使用渐变色
生成尺寸：1：1

示例效果：

通过Midjourney中文站的AI绘画功能，设计人员可以得到各种效果的设计作品。这些作品不仅可以用作图标设计的灵感来源，还可以在设计人员的进一步创意设计或局部重绘下，达到更优质的效果。

拓展训练

请参考上文提供的方法，在Midjourney中文站中重新选择一种绘画模式，通过设置不同的模式、生成尺寸和风格等，生成不同的家居系统图标效果，提升对AI绘图工具的应用能力。

3.8 课后练习

1. 填空题

（1）图标广义上是指具有_____、_____、_____等特征的图形符号。

（2）_____即产品图标，主要显示在主屏幕上。

（3）2.5D图标的外观由某物体的_____、_____和_____3面组成。

2. 选择题

（1）【单选】下列选项中，能直接描绘具体事物或对象的是（　　）图标。

A. 线性　　　　　　　B. 面性　　　　　　　C. 具象　　　　　　　D. 2.5D

（2）【单选】下列选项中，主体形象主要由线条构成，通过线与线的巧妙搭配，描绘出图

标主体形状和轮廓的是（　　）图标。

A. 线性　　　　　　　　B. 面性　　　　　　　　C. 具象　　　　　　　　D. 2.5D

（3）【多选】下列选项中，属于图标的优势是（　　）。

A. 节省屏幕空间　　　　　　　　　　　B. 不受地域语言限制

C. 减少用户辨识时间　　　　　　　　　D. 提升整体视觉体验

（4）【多选】下列关于图标的设计要点，说法正确的有（　　）。

A. 在进行图标设计时，设计的图标要能准确地表达图标内容，避免出现误导、歧义

B. 在进行图标设计时，图标要具备共性和差异性

C. 在进行图标设计时，图标的风格和主题思想要统一

D. 在进行图标设计时，图标的主题思想要具备差异性

3. 操作题

（1）为购物App"拾取"设计一个尺寸为"192像素×192像素"，外形为购物袋样式的应用图标，要求图标外形简约，色彩明亮且具有视觉吸引力，参考效果如图3-112所示。

（2）某阅读类App近期需要在标签栏中添加我的收藏、购买记录、积分、每日签到等功能，要求对这些功能的图标进行设计，采用面性图标风格，其要美观，具有吸引力，参考效果如图3-113所示。

应用图标　　　实际应用效果　　　　　我的收藏　　购买记录　　积分　　每日签到

图3-112　购物App图标参考效果　　　　　图3-113　标签栏图标参考效果

（3）使用Midjourney中文站为某益智游戏App"小海绵"设计应用图标，要求图标以可爱的海绵形象作为设计点，图标美观，参考效果如图3-114所示。

图3-114　图标参考效果

Ps

第 章

UI 控件设计

在 UI 设计中，控件是构成界面的基本元素，这些元素包括但不限于滑块、表单、按钮等。优秀的控件可提升用户体验并适应不同平台的需求。设计人员在设计控件时需要不断测试和优化控件的实用性，以确保它们能够满足用户的需求和期望。

学习目标

▶ **知识目标**

◎ 了解 UI 设计的常用控件类型。
◎ 掌握各类控件的设计要点。

▶ **技能目标**

◎ 能够使用 Photoshop 设计不同类型的控件。
◎ 能够借助 AI 工具设计各类控件。

▶ **素养目标**

◎ 培养学生对各类控件的好奇心，提升对控件的设计能力。
◎ 培养学生的创新能力，能根据需求设计不同类型的控件。

STEP 1 相关知识学习　　　　　建议学时：___1___ 学时

课前预习	1. 扫码认识控件和组件，以及UI设计中的常用控件 2. 上网搜索UI控件设计案例，欣赏控件设计作品	课前预习
课堂讲解	1. UI设计的常用控件 2. 各类控件的设计要点	
重点与难点	1. 学习重点：滑块、表单、按钮控件的特点 2. 学习难点：滑块、表单、按钮控件的设计要点	

STEP 2 案例实践操作　　　　　建议学时：___3___ 学时

实战案例	1. 设计滑块 2. 设计表单 3. 设计按钮	操作要点	1. 文字工具组、渐变工具、图层混合模式、图层样式 2. 画笔工具、"模糊"滤镜组、图层蒙版

STEP 3 技能巩固与提升　　　　　建议学时：___2___ 学时

拓展训练	1. 设计开关滑块 2. 设计点击参与按钮
AI 辅助设计	1. 使用Vega AI生成预约表单 2. 使用Midjourney中文站生成音量调节按钮

4.1 行业知识：控件设计基础

UI通常由各类控件组合而成，其中滑块、表单、按钮等是比较常用的控件类型。这些控件为用户提供了丰富、灵活的界面交互方式。不同的控件在界面中起着不同的作用，也有不同的设计要点。

4.1.1 滑块的类型及设计要点

滑块在界面中是很常见的，如调整进度、调整音量、调整屏幕亮度等都需要滑块，因此掌握滑块的设计方法是十分必要的。

1. 滑块构成

滑块通常由滑动轨迹、滑动条和滑动块3部分组成。滑动轨迹是滑块移动的路径，定义了滑块可以移动的范围和方向，滑动轨迹可以是直线、曲线或其他形状，具体取决于设计需求和用户交互场景；滑动条是一个可选的组件，通常与滑动轨迹结合使用，用于显示滑动块当前的位置和状态，滑动条上可能标有刻度或数值，以便用户更准确地了解滑动块的位置和对应的结果；滑动块是用户可以直接操作的部分，通常是一个可移动的图形元素，如圆形、方形或条形，且采用高辨识度的颜色，以便用户清晰识别。

2. 滑块类型

滑块按照设计风格可分为线条滑块和旋转滑块两种类型。

- 线条滑块。线条滑块以线条为主体设计，如图4-1所示。这类滑块设计简洁，可分为有刻度和无刻度两种样式。在设计线条滑块时，需特别注意色彩和滑动块大小，确保滑动结果的清晰易读和滑动操作的便捷性。
- 旋转滑块。旋转滑块主要以旋转动作为核心设计元素，如图4-2所示。这类滑块形式多样，具有较强的视觉冲击力，其直观且精美的设计能够为用户带来新颖独特的体验。

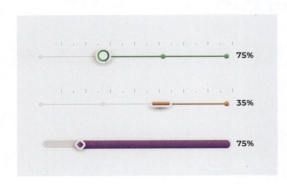

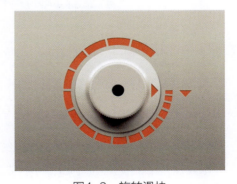

图4-1　线条滑块　　　　　　　　　　图4-2　旋转滑块

3. 滑块设计要点

设计滑块时，需要满足易用性、可视性、直观性、美观性、适应性，这样设计后的效果才更加符合设计需求。

- **易用性**。设计滑块时，应确保滑动块的大小适中，不要太大或太小，以便用户能够轻松地触摸和移动。并且需提供足够的滑动范围，使用户可以轻松地调整到所需的值。
- **可视性**。在设计时可使用高对比度的颜色来区分滑动块和滑动条，以提高可视性。在必要时，还可通过刻度、标签或数字来指示滑块的具体位置或值。
- **直观性**。滑动条的方向应与调整的属性、用户习惯相符合，如调整音量滑块，则从左到右应表示音量的增加。滑动块的形状应直观、简洁，避免使用过于复杂或抽象的设计。
- **美观性**。滑动块和滑动条的设计应与整体的UI风格相协调，且视觉效果好。
- **适应性**。滑块应考虑不同设备和屏幕尺寸的适应性，确保在各种情况下都能提供良好的用户体验。

4.1.2 表单的类型及设计要点

表单主要负责数据采集，具备信息录入功能。常见的表单有注册表单（见图4-3）、登录表单、联系表单、搜索表单、订阅表单、调查表单（见图4-4）、预约表单（见图4-5）等。

图4-3　注册表单

图4-4　调查表单

图4-5　预约表单

在表单设计中，规则合理的表单设计能显著提升用户体验，应特别注意整体布局和字号大小，确保表单与界面协调，并符合用户使用习惯。表单设计需结合实际项目灵活调整，以易用性为原则。

- **逻辑清晰**。表单是用于与用户沟通的工具，应以逻辑清晰的方式引导用户完成填写。
- **尽量使用单列设计**。多列表单容易让用户漏填信息；而单列表单填写路径直接，效率更高。
- **减少输入**。简短的表单能更快加载，且用户完成填写的意愿更高。在设计时，应尽量减少非必要的输入内容。
- **提供合适的输入方式**。针对如账号、密码、邮箱等输入内容，应提供相应的键盘类型，以减少输入错误，帮助用户快速完成填写。

4.1.3 按钮的类型及设计要点

在UI设计中，按钮扮演着至关重要的角色，不同的按钮类型不仅影响着用户的视觉体验，还承载着特定的设计意图和用户交互需求。

按照按钮的形状可将其分为直角按钮、圆角按钮两类，如图4-6所示。

- **直角按钮**。直角按钮是指边角为直角的按钮。直角具有严谨、高端等特点，适用于金融类、奢侈品类产品，给用户严谨、安全、高端的感觉，符合产品调性。

图4-6　按照按钮形状划分类型

- **圆角按钮**。圆角按钮是指边角为圆角的按钮。该按钮通过平滑的曲线过渡，使按钮看起来更加柔和、友好，减少了直角边带来的生硬感。圆角按钮通常具有更好的视觉聚焦效果，能够引导用户的视线并提升点击意愿。

按照按钮的样式可将其分为填充按钮、边框按钮、文字按钮3类，如图4-7所示。

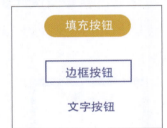

- **填充按钮**。填充按钮选择一个鲜明的颜色（通常采用产品的主色）作为按钮的背景，以此来强调其重要性。因此，填充按钮常被用于关键操作步骤或作为主按钮使用，以吸引用户的注意力并引导他们执行重要的操作。

- **边框按钮**。边框按钮通过在按钮周围绘制一层边框来突出显示按钮。边框的颜色、宽度和样式可以根

图4-7　按照按钮样式划分类型

据设计需求进行调整，以达到较佳的视觉效果和用户体验。边框按钮通常与填充按钮相对应，后者更注重按钮内部的填充颜色和视觉效果。

- **文字按钮**。文字按钮将文字转化为可点击的链接或按钮，使用户能够通过简单的交互完成操作。这类按钮的设计应确保与产品的整体风格相匹配，并具备足够的视觉吸引力。

按照按钮的功能可将其分为主要操作按钮、辅助操作按钮、交互按钮3类。

- **主要操作按钮**。用于执行主要或核心操作的按钮，如提交表单、购买商品等。
- **辅助操作按钮**。用于执行辅助或次要操作的按钮，如取消操作、查看更多等。
- **交互按钮**。用于触发特定交互或效果的按钮，如展开菜单、切换视图等。

设计大讲堂

　　在设计按钮时需要考虑其不同状态的变化，以响应用户的不同交互状态，常见的状态包括正常状态、悬停状态、点击状态、禁用状态和加载状态。正常状态是按钮的默认状态；悬停状态常用于网页端，当鼠标指针悬停时改变按钮的颜色或文案，提示用户可点击；点击状态表示按钮在点击时发生的视觉变化；禁用状态表示按钮无法点击；加载状态则出现在点击后，表示正在处理用户请求。这些状态的变化为用户提供了清晰的反馈和指引。

按钮文案是引导用户进行下一步操作的关键元素。它应清晰、可预测且简单明了，具有具体性和准确性，以确保用户能够准确理解按钮的功能并做出正确的操作。

● **具体性**。按钮文案应使用动词作为开头，明确告诉用户点击后将发生什么。这种具体性的描述有助于用户预测下一步操作的结果，并增强用户对按钮功能的理解。例如，按钮在执行保存操作时，应使用"保存"而非"确定"，以更具体地描述按钮的功能。

● **准确性**。按钮文案应准确描述操作结果，避免用户误解。这意味着文案需要清晰地传达按钮的作用和效果，以便用户能够做出正确的决策。例如，按钮在执行删除操作时，应明确使用"删除"而非"确定"，以避免用户误操作或产生困惑。这种文案设计有助于提高用户的满意度和交互效率。

> **设计大讲堂**
>
> 　　随着科技的发展和用户需求的不断变化，控件设计也在不断演进。控件不再是简单的图形，为其添加各种效果已成为主流。如用户可以通过语音命令或手势动作来控制界面元素，实现更加自然和便捷的交互，但应避免过度添加效果而分散用户注意力。

4.2　实战案例：设计滑块

案例背景

　　橙子视频App准备升级播放界面，需要重新设计播放过程中出现的播放控制线条滑块和旋转滑块，具体要求如下。

（1）滑块设计应简洁明了、具有美观性，其不能影响视频的正常播放。

（2）滑块分辨率为300像素/英寸，尺寸为600像素×400像素。

（3）分别设计播放控制线条滑块和旋转滑块，并展示滑块应用于界面的效果。

设计思路

　　（1）图形设计。设计时可采用简约的几何图形作为设计基础，如圆形、环形或线形等，这些形状易于识别和记忆，同时能够很好地适应不同的屏幕尺寸。

　　（2）色彩设计。选择绿色、白色和蓝色作为滑块色彩，代表大地和天空，象征清新、自然和宁静。

　　本例参考效果如图4-8所示。

操作要点详解

操作要点

（1）使用形状工具绘制不同大小的形状。

（2）使用文字工具输入文字内容。

（3）为各形状设置不同的透明度，使整体设计具有层次感。

播放控制线条滑块效果

旋转滑块效果

图4-8　滑块效果

4.2.1　设计播放控制线条滑块

以素材图像作为背景，制作一个半透明的播放控制线条滑块。制作时，可先绘制圆角矩形作为滑动条，然后绘制三角形、心形、音量图标等，具体操作如下。

微课视频
设计播放控制线条滑块

（1）新建名称为"播放控制线条滑块"，大小为"600像素×400像素"，分辨率为"300像素/英寸"，颜色模式为"RGB颜色"的文件。

（2）打开"呼伦贝尔大草原.jpg"素材文件，使用"移动工具" ⊕ 将打开的素材文件拖曳到"播放控制线条滑块"文件中，调整其大小和位置，如图4-9所示。

（3）选择"矩形工具" ▢ ，在工具属性栏中设置"填充"为"#575653"，在图像左下角绘制大小为"540像素×34像素"的矩形，调整图层的"不透明度"为"60%"，如图4-10所示。

（4）选择"矩形工具" ▢ ，在工具属性栏中设置"填充"为"#ffffff"，"圆角半径"为"30像素"，在矩形的上方绘制大小为"360像素×4像素"的圆角矩形，并设置图层的"不透明度"为"70%"，如图4-11所示。

图4-9　添加素材

图4-10　绘制矩形1

图4-11　绘制矩形2

（5）选择"矩形工具" ▢ ，在工具属性栏中设置"填充"为"#4caf50"，在白色矩形左侧绘制大小为"180像素×20像素"的矩形，按【Ctrl+Alt+G】组合键创建剪贴蒙版，如图4-12所示。

（6）选择"椭圆工具" ◯ ，在工具属性栏中设置"填充"为"#4caf50"，在白色矩形左侧绘制大小为"15像素×15像素"的圆，设置"不透明度"为"40%"，如图4-13所示。

（7）选择"椭圆工具"，在圆的上方绘制大小为"9.5像素×9.5像素"的圆，并移动到圆的中间，此时可发现滑块基本形成，如图4-14所示。

图4-12 添加矩形

图4-13 绘制圆

图4-14 绘制与移动圆

（8）选择"三角形工具"，在工具属性栏中设置"填充"为"#ffffff"，绘制大小为"15像素×13像素"的三角形，按【Ctrl+T】组合键使其呈可变形状态。旋转其角度然后调整三角形的位置，并设置图层的"不透明度"为"70%"，效果如图4-15所示。

（9）选择"横排文字工具"，在工具属性栏中设置"字体"为"思源黑体 CN"，"字体样式"为"Normal"，"字体大小"为"15 像素"，"文本颜色"为"#ffffff"，在三角形的右侧单击确定输入点，输入"11:22"。使用相同的方法在播放控制线条滑块的右侧输入"28:48"，选择所有文字，设置图层的"不透明度"为"70%"，效果如图4-16所示。

（10）打开"爱心.png"素材文件，使用"移动工具"将打开的素材文件拖曳到"播放控制线条滑块"文件中，调整大小、位置，完成后保存文件，完成播放控制线条滑块的制作，效果如图4-17所示。

图4-15 绘制三角形

图4-16 输入文字

图4-17 完成后的效果

4.2.2 设计旋转滑块

在设计旋转滑块时，可先绘制一个矩形，通过复制矩形并调整旋转角度形成圆形轮廓，最后绘制旋转指针，具体操作如下。

（1）新建名称为"旋转滑块"，大小为"600像素×400像素"，分辨率为"300像素/英寸"，颜色模式为"RGB颜色"的文件。

（2）打开"大草原2.jpg"素材文件，使用"移动工具"将打开的素材文件拖曳到"旋转滑块"文件中，调整大小和位置，如图4-18所示。

（3）新建图层，设置前景色为"#100d01"，按【Alt+Delete】组合键填充前景色，并设

微课视频

设计旋转滑块

置图层的"不透明度"为"80%"，如图4-19所示。

（4）在图像中间添加两条交叉的参考线，选择"矩形工具" □，在工具属性栏中设置"填充"为"#29abe2"，取消描边，在图像的顶部沿着参考线绘制大小为"13像素×27像素"的矩形，如图4-20所示。

图4-18　添加素材

图4-19　新建并填充颜色

图4-20　绘制矩形

（5）按【Ctrl+J】组合键复制矩形，使用"直接选择工具" ▶ 选择矩形，按【Ctrl+T】组合键使图形呈可变形状态，按住【Alt】键不放并选择矩形中间的锚点，将其拖曳到下方参考线的交叉点上，在工具属性栏中设置"旋转角度"为"15°"，此时可发现复制的矩形自动旋转，如图4-21所示。

（6）使用相同的方法复制前一个形状（即步骤（5）复制后的形状），然后进行自动旋转操作，重复操作直到形成一个圆形轮廓，如图4-22所示。

（7）从左到右依次选择矩形，设置图层的不透明度，通过各矩形不同透明度形成旋转效果，如图4-23所示。

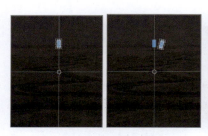
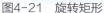
图4-21　旋转矩形

图4-22　复制旋转矩形

图4-23　设置不透明度

操作小贴士

操作过程中，若复制单个形状过于频繁，可在两条参考线重合时，同时选择多个矩形进行复制，再通过翻转调整，使其形成完整的圆，以简化单个复制的烦琐步骤。

（8）选择所有的矩形，按【Ctrl+G】组合键创建组，按【Ctrl+J】组合键复制组，按【Ctrl+T】组合键使其呈可变形状态，拖曳锚点缩小图形，如图4-24所示。

（9）保持图形的编辑状态，旋转复制后的图形，制作多重加载效果，如图4-25所示。

（10）选择"椭圆工具" ○，在工具属性栏中设置"填充"为"#29abe2"，取消描边，在旋转滑块的中间绘制22像素×22像素的正圆，选择"钢笔工具" ⌀，在工具属性栏中设置"选择工具模式"为"形状","填充"为"#29abe2",取消描边，然后在圆的上方绘制指针，完成后保存文件，效果如图4-26所示。

图4-24 缩小图形　　　　　图4-25 旋转图形　　　　　图4-26 完成后的效果

4.3 实战案例：设计表单

案例背景

随着十月黄金周的到来，某旅行公司准备更新官网中旅游行程表单的场景和内容。除此之外，为了方便用户在官网中能快速入住关联酒店，准备添加内容为入住时间和离店时间的日历选择表单，具体要求如下。

（1）表单要简洁、美观，具有较高的辨识度。

（2）表单布局逻辑合理，层次清晰，能直观体现表单内容。

（3）分辨率为72像素/英寸，旅游行程表单尺寸为1920像素×700像素，日历选择表单尺寸为750像素×1334像素。

设计思路

（1）图形设计。在设计旅游行程表单时可采用矩形罗列表单内容，增加识别度。而日历选择器表单需要能直观展示日期信息，其可参考日历进行设计，展示入住时间和离店时间。

（2）色彩设计。在设计旅游行程表单时，以蓝灰色和白色为主，搭配绿色，让表单信息简单、直白；而日历选择表单则采用渐变的蓝紫绿色搭配黑色的文字和绿色的按钮，提升表单的美观度。

（3）文字设计。在文字上以"思源黑体 CN"为主要字体，该字体字形端正，笔画横平竖直，笔迹粗细一致，更加具有识别性。

本例参考效果如图4-27所示。

操作要点

（1）使用形状工具绘制表单形状，使用渐变工具填充颜色。

（2）使用文字工具输入表单内容。

（3）使用图层样式和图层混合模式增强表单的视觉效果。

操作要点详解

旅游行程表单　　　　　　　　　　　　　　　　日历选择表单

图4-27　表单效果

4.3.1　设计旅游行程表单

在设计旅游行程表单时，可先使用矩形将表单内区分为列表和行程表两个部分，列表主要用于罗列表单的类目，而行程表则采用矩形的形式，罗列国内机票类目中的行程类型、出发城市、到达城市、出发日期等内容，方便用户识别信息。具体操作如下。

微课视频

设计旅游行程表单

（1）新建名称为"旅游行程表单"，大小为"1920像素×700像素"，分辨率为"72像素/英寸"，颜色模式为"RGB颜色"的文件。

（2）打开"大草原3.jpg"素材文件，使用"移动工具" ⊕ 将打开的素材文件拖曳到"旅游行程表单"文件中，调整大小、位置。

（3）选择"矩形工具" ▢，在工具属性栏中设置"填充"为"#ffffff"，在图像的左侧绘制大小为"690像素×590像素"的矩形，并设置"不透明度"为"90%"。再次选择"矩形工具" ▢，设置"填充"为"#475769"，在矩形的左侧绘制大小为"110像素×520像素"的矩形，如图4-28所示。

（4）使用"矩形工具" ▢，绘制大小分别为"128像素×8像素"和"215像素×60像素"的矩形，并分别设置"填充"为"#4caf50"，然后绘制大小为"565像素×2像素"的矩形，并设置"填充"为"#aaaaaa"，如图4-29所示。

图4-28　绘制矩形　　　　　　　　　　　　图4-29　绘制其他矩形

（5）选择"横排文字工具" T，输入图4-30所示的文字。在工具属性栏中设置"字体"

为"思源黑体 CN"，然后调整文字的大小、颜色和位置。

（6）选择"矩形工具"□，在工具属性栏中设置"填充"为"#ffffff"，"描边颜色"为"#dfdfdf"，"描边宽度"为"3像素"，"圆角半径"为"10像素"，然后在文字下方绘制3个大小为"230像素×63像素"的圆角矩形。选择"横排文字工具"Ｔ，在圆角矩形中输入图4-31所示的文字。在工具属性栏中设置"字体"为"思源黑体 CN"，"文本颜色"为"#e4e4e4"，调整文字的大小、颜色和位置。

图4-30　输入文字　　　　　　　图4-31　绘制圆角矩形并输入文字

（7）选择"椭圆工具"○，绘制两个不同大小的圆，并设置"填充"为"#4caf50"。再次选择"椭圆工具"○，绘制两个大小为"21像素×21像素"的圆，取消填充，并设置"描边颜色"分别为"#4caf50""#aaaaaa"，"描边宽度"为"0.5 点"，效果如图4-32所示。

（8）选择"直线工具"／，在工具属性栏中设置"填充"为"#ffffff"，单击⚙按钮，在打开的下拉列表中勾选"终点"复选框，然后在"城市名"文字中间的圆上绘制箭头，效果如图4-33所示，完成后保存文件。

图4-32　绘制圆　　　　　　　　　图4-33　完成后的效果

4.3.2　设计日历选择表单

设计日历选择表单时，可先绘制背景，在上方添加酒店的入住时间和离店时间，在中间区域主要添加日历内容，方便用户选择日期，具体操作如下。

（1）新建名称为"日历选择表单"，大小为"750像素×1334像素"，分辨率为"72像素/英寸"，颜色模式为"RGB颜色"的文件。

微课视频

设计日历选择
表单

（2）选择"渐变工具" ，在工具属性栏中设置"填充"为"#9bdae0~#bcbae0~#e4e3ff"，在图像编辑区中从左上角向右下角拖曳添加渐变颜色，如图4-34所示。

（3）选择"矩形工具" ，在工具属性栏中设置"填充"为"#ffffff"，"圆角半径"为"50像素"，绘制大小为"680像素×1200像素"的圆角矩形，设置"不透明度"为"60%"，效果如图4-35所示。

（4）双击圆角矩形右侧的空白区域，打开"图层样式"对话框，勾选"描边"复选框，设置"颜色"为"#ffffff"，其他参数如图4-36所示。

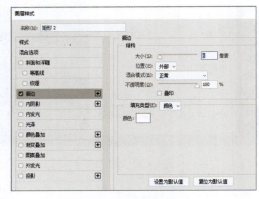

图4-34　添加渐变颜色　图4-35　绘制圆角矩形　　　图4-36　设置描边参数

（5）勾选"内阴影"复选框，设置"颜色"为"#9dd8e0"，"不透明度"为"48%"，"角度"为"129度"，"距离"为"35像素"，"阻塞"为"2%"，"大小"为"62像素"。

（6）勾选"外发光"复选框，设置"颜色"为"#ffffff"，"大小"为"25像素"，"范围"为"58%"。

（7）勾选"投影"复选框，设置"混合模式"的颜色为"#9fd5e0"，其他参数如图4-37所示，单击 确定 按钮，效果如图4-38所示。

（8）选择"直线工具" ，在工具属性栏中设置"填充"为"#ffffff"，绘制两条大小为"670像素×2像素"的直线，效果如图4-39所示。

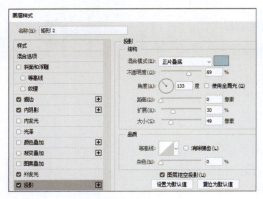

图4-37　设置投影参数　　　图4-38　完成后的效果　图4-39　绘制直线

（9）选择"横排文字工具" ，输入图4-40所示的文字。在工具属性栏中设置"字体"

为"思源黑体 CN",然后调整文字的大小、颜色和位置。

（10）选择"矩形工具" ，在工具属性栏中设置"填充"为"#4caf50"，绘制大小为"95像素×95像素"的矩形，然后修改"21""廿一"的"文本颜色"为"#ffffff"，效果如图4-41所示。

（11）选择"矩形工具" ，在工具属性栏中设置"填充"为"#4caf50"，"圆角半径"为"50像素"，绘制大小为"600像素×80像素"的圆角矩形。选择"横排文字工具" ，设置"字体"为"思源黑体 CN"，在圆角矩形的上方输入"确定"，然后调整文字的大小、颜色和位置，效果如图4-42所示。

（12）此时整个界面显得过于浅淡，可通过调整图层混合模式来优化效果。按【Ctrl+Shift+Alt+E】组合键盖印图层，按【Ctrl+J】组合键复制图层，打开"图层"面板，设置图层混合模式为"正片叠底"，不透明度为"50%"，效果如图4-43所示，完成后保存文件。

图4-40 输入文字 图4-41 绘制矩形并调整颜色 图4-42 绘制按钮 图4-43 完成后的效果

4.4 实战案例：设计按钮

案例背景

阳光幼儿园近期准备在入园App中添加播放板块，需要设计其中的点击进入、播放和暂停按钮，具体要求如下。

（1）按钮要简洁、美观，能让用户直观、快速地了解按钮功能。

（2）按钮的色彩要符合儿童的审美需求。

（3）图标分辨率为300像素/英寸，尺寸为600像素×600像素。

设计思路

（1）图形设计。按钮采用立体风格，以白色竖条表示"播放"，以三角形表示"暂停"。为了贴近幼儿园的定位，在形状上可采用带弧度的图形，更加柔和、美观。而点击进入按钮则继续采用立体风格展示文字和按钮形状，并添加高光部分，增强立体感。

（2）色彩设计。按钮以浅蓝色为主，展现出清新、宁静的氛围。播放和暂停按钮使用深蓝色的边框为按钮增加立体感，同时与浅蓝色背景形成对比，提升视觉效果。而点击进入按钮中使用黄色系边框，让整个按钮更具有识别性，以增加吸引力。

（3）文字设计。以"方正兰亭特黑_GBK"为主要字体，该字体笔画较粗、简洁、直观，方便识别。

本例参考效果如图4-44所示。

播放按钮　　　　暂停按钮　　　　　　　　点击进入按钮

图4-44　按钮参考效果

操作要点

（1）使用图层样式增加图形的立体感。
（2）使用"高斯模糊"滤镜制作图形的模糊效果。
（3）使用图层蒙版制作丰富的文字效果。
（4）使用画笔工具绘制按钮的高光部分。

操作要点详解

4.4.1　设计播放和暂停按钮

设计播放和暂停按钮时，可先绘制圆，通过为圆添加图层样式使其形成立体效果，然后绘制代表播放和暂停的图形，使其形成完整的按钮样式，具体操作如下。

微课视频

（1）新建名称为"播放和暂停按钮"，大小为"600像素×600像素"，分辨率为"300像素/英寸"，颜色模式为"RGB颜色"的文件。

设计播放和暂停按钮

（2）选择"椭圆工具" ，在工具属性栏中设置"描边颜色"为"#0f77a6~#5cc8f1"，"描边宽度"为"2 点"，绘制大小为"315像素×315像素"的圆，如图4-45所示。

（3）按【Ctrl+J】组合键复制圆，选择复制的圆，在工具属性栏中设置"填充"为"#1285b8~#2fa8da"，取消描边，完成后调整圆的位置，使其形成立体效果，如图4-46所示。

（4）选择"椭圆工具" ，在工具属性栏中取消描边，设置"填充"为"#5ecaf3"，绘制大小为"310像素×310像素"的圆，完成后调整圆的位置，如图4-47所示。

（5）双击"椭圆2"图层右侧的空白区域，打开"图层样式"对话框，勾选"斜面和浮雕"复选框，具体参数设置如图4-48所示，其中"高光模式"的颜色为"#8bdcf8"，"阴影模式"的颜色为"#2797ca"，单击 确定 按钮。

图4-45　绘制圆　图4-46　复制并编辑圆　图4-47　绘制圆1　图4-48　设置斜面和浮雕

（6）选择"椭圆工具" ，在工具属性栏中设置"填充"为"#3ec2eb"，取消描边，绘制大小为"230像素×230像素"的圆，完成后调整圆的位置，如图4-49所示。

（7）双击"椭圆3"图层右侧的空白区域，打开"图层样式"对话框，勾选"内阴影"复选框，设置"混合模式"的颜色为"#2892c2"，"不透明度"为"50%"，"角度"为"90度"，"距离"为"8像素"，"阻塞"为"0%"，"大小"为"24像素"，如图4-50所示。

（8）勾选"投影"复选框，设置"混合模式"的颜色为"#8be4ff"，"不透明度"为"67%"，"角度"为"90度"，"距离"为"6像素"，"扩展"为"0%"，"大小"为"5像素"，如图4-51所示。单击 确定 按钮，效果如图4-52所示。

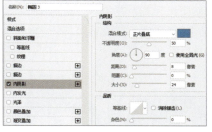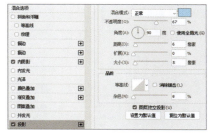

图4-49　绘制圆2　　图4-50　设置内阴影参数　　图4-51　设置投影参数

（9）打开"底纹.jpg"素材文件，将其拖曳到最上方的圆上，按【Alt+Ctrl+G】组合键创建剪贴蒙版，效果如图4-53所示。

图4-52　添加图层样式　　图4-53　创建剪贴蒙版

（10）选择"矩形工具" ，在工具属性栏中设置"填充"为"#ffffff"，"圆角半径"为"30像素"，绘制大小为"44像素×135像素"的圆角矩形，效果如图4-54所示。

（11）双击圆角矩形图层右侧的空白区域，打开"图层样式"对话框，勾选"斜面和浮雕"复选框，具体参数设置如图4-55所示，其中"高光模式"的颜色为"#2892c2"，"阴影模式"的颜色为"#6cc4ec"。

图4-54 绘制圆角矩形

图4-55 设置斜面和浮雕

（12）勾选"投影"复选框，设置"混合模式"的颜色为"#1e86c7"，"不透明度"为"90%"，"角度"为"120度"，"距离"为"6像素"，"扩展"为"0%"，"大小"为"10像素"，如图4-56所示。单击 确定 按钮，效果如图4-57所示。

（13）选择圆角矩形，按住【Alt】键不放向右拖曳以复制圆角矩形，完成播放按钮的制作，效果如图4-58所示。

（14）由于暂停按钮与播放按钮组成部分相同，可直接在已有的背景上绘制。隐藏圆角矩形所在图层，选择"钢笔工具" ，在工具属性栏的"设置工具模式"下拉列表中选择"形状"选项，设置"填充"为"#f6fcfe"，在圆的中间绘制三角形。

（15）选择圆角矩形所在图层，单击鼠标右键，在弹出的快捷菜单中选择"拷贝图层样式"命令，复制已有的图层样式；选择绘制好的三角形所在图层，单击鼠标右键，在弹出的快捷菜单中选择"粘贴图层样式"命令，粘贴图层样式，完成暂停按钮的制作，效果如图4-59所示，最后保存文件。

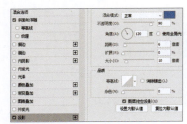
图4-56 设置投影参数

图4-57 查看效果

图4-58 播放按钮效果

图4-59 暂停按钮效果

4.4.2 设计点击进入按钮

在设计点击进入按钮时，可先绘制圆角矩形，然后通过添加图层样式的方式增加立体感，最后输入文字并绘制高光部分，提高按钮的美观度和识别性，具体操作如下。

微课视频

设计点击进入按钮

（1）新建名称为"点击进入按钮"，大小为"600像素×600像素"，分辨率为"300像素/英寸"，颜色模式为"RGB颜色"的文件。

（2）选择"矩形工具" ，在工具属性栏中设置"填充"为"#dab15a"，"圆角半径"为"70像素"，绘制大小为"430像素×170像素"的圆角矩形，效果如图4-60所示。

（3）双击圆角矩形右侧的空白区域，打开"图层样式"对话框，勾选"内阴影"复选框，设置"混合模式"的颜色为"#e58bff"，"不透明度"为"47%"，"角度"为"120度"，"距离"

为"2像素","阻塞"为"0%","大小"为"1像素",如图4-61所示。

（4）勾选"渐变叠加"复选框，设置"渐变颜色"为"#fed274~#c86b31"，其他参数保持不变。勾选"投影"复选框，设置"混合模式"的颜色为"#aa5825"，"不透明度"为"100%"，"角度"为"90度"，"距离"为"9像素"，"扩展"为"0%"，"大小"为"0像素"，如图4-62所示。单击 确定 按钮，效果如图4-63所示。

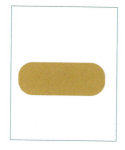

图4-60 绘制圆角矩形

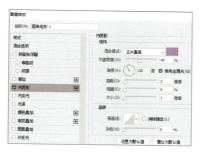

图4-61 设置内阴影参数

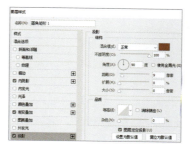

图4-62 设置投影参数

（5）选择"矩形工具" ▢，在工具属性栏中设置"填充"为"#69cfff"，"圆角半径"为"60像素"，绘制大小为"380像素×130像素"的圆角矩形。双击圆角矩形右侧的空白区域，打开"图层样式"对话框，勾选"描边"复选框，设置"大小"为"5像素"，"颜色"为"#eeb130"其他参数保持不变。勾选"内阴影"复选框，设置"混合模式"的颜色为"#ffffff"，"不透明度"为"47%"，"角度"为"120度"，"距离"为"2像素"，"阻塞"为"0%"，"大小"为"1像素"，如图4-64所示。单击 确定 按钮，效果如图4-65所示。

图4-63 查看添加后的效果

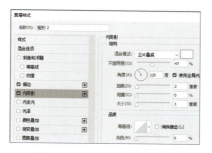

图4-64 设置内阴影参数

图4-65 查看完成后的效果

（6）选择"矩形工具" ▢，在工具属性栏中设置"填充"为"#ffffff"，"圆角半径"为"70像素"，绘制大小为"375像素×113像素"的圆角矩形，设置"不透明度"为"50%"，效果如图4-66所示。

（7）选择圆角矩形所在图层，单击"图层蒙版"按钮 ▣，选择"渐变工具" ▦，设置渐变颜色为"#030000~#ffffff"，在圆角矩形的下方单击并向上拖曳，可发现圆角矩形的下半部分被隐藏，效果如图4-67所示。

（8）选择"矩形工具" ▢，在工具属性栏中设置"填充"为"#ffffff"，绘制大小为"30像素×260像素"的矩形，设置"不透明度"为"20%"，效果如图4-68所示。

（9）选择【滤镜】/【模糊】/【高斯模糊】命令，在打开的提示框中单击 转换为智能对象(C) 按钮，打开"高斯模糊"对话框，设置"半径"为"5像素"，单击 确定 按钮，如图4-69所示。

（10）选择模糊后的矩形，按【Ctrl+T】组合键使其呈可变形状态，拖曳锚点使其向左倾斜，完成后按住【Alt】键不放向右拖曳复制形状，共复制4个，如图4-70所示。

（11）选择所有模糊矩形，单击鼠标右键，在弹出的快捷菜单中选择"合并图层"命令，将这些矩形合并在一个图层里。

   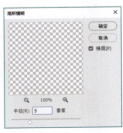

图4-66　绘制圆角矩形　　图4-67　添加图层蒙版　　图4-68　绘制矩形　　图4-69　添加高斯模糊

（12）选择合并后的图层，设置前景色为"#070000"，单击"图层蒙版"按钮 ，选择"画笔工具" ，在矩形的超出部分单击并拖曳，可发现超出部分被隐藏，效果如图4-71所示。

（13）选择"横排文字工具" ，输入"点击进入"，在工具属性栏中设置"字体"为"方正兰亭特黑_GBK"，"文本颜色"为"#2fa1d6"，调整文字的大小和位置。

（14）双击文字图层右侧的空白区域，打开"图层样式"对话框，勾选"内阴影"复选框，设置"颜色"为"#2285b3"，"角度"为"120度"，"距离"为"3像素"，"阻塞"为"0%"，"大小"为"1像素"，单击 确定 按钮，效果如图4-72所示。

（15）新建图层，设置前景色为"#ffffff"，选择"画笔工具" ，在工具属性栏中设置"画笔样式"为"柔边圆"，"大小"为"8像素"，然后在文字的上方和下方绘制高光效果，完成后保存文件，效果如图4-73所示。

图4-70　复制矩形　　图4-71　添加图层蒙版　图4-72　为文字添加内阴影　图4-73　绘制高光

4.5　拓展训练

实训 1　设计开关滑块

实训要求

某App需要设计开关滑块，方便后期使用，具体要求如下。

（1）以白天和黑夜分别作为"开""关"状态的设计点，滑块尺寸为800像素×800像素。

（2）图形简洁、具象，以太阳图形代表白天、月亮图形代表黑夜。

（3）使用蓝色为主色，以浅蓝色代表白天、深蓝色代表黑夜，确保整体的和谐与统一。

操作思路

（1）使用"矩形工具"□.绘制圆角矩形，并添加内阴影（需添加两次）、外发光、投影的图层样式。

（2）使用"椭圆工具"○.绘制不同大小的椭圆，用作云朵，然后将其添加为圆角矩形的剪贴蒙版。

（3）使用"椭圆工具"○.绘制太阳形状，并添加斜面和浮雕、内阴影、投影（需添加两次）的图层样式。

（4）使用相同的方法绘制黑夜滑块的背景部分，然后绘制星星和月亮图形。绘制星星时，可使用"钢笔工具"⌀.来完成；绘制月亮时，可先使用"椭圆工具"○.绘制两个圆并合并形状，然后使用路径查找器中的"减去顶层形状"按钮◱来完成。

具体设计过程如图4-74所示。

①绘制圆角矩形　　②添加图层样式　　③绘制云朵形状　　④绘制太阳形状　　⑤绘制黑夜滑块

图4-74　开关滑块设计过程

实训 2　设计点击参与按钮

实训要求

（1）某外卖App近期为了提高用户的黏性，准备开展一个活动，需要设计点击参与按钮，要求按钮采用立体的方式展现，整体简洁、直观。

（2）按钮尺寸为600像素×600像素，按钮为紫色系，可用无彩色进行装饰。

操作思路

（1）使用"矩形工具"□.绘制圆角矩形，并添加描边、渐变叠加的图层样式，制作按钮的外部效果。

（2）使用"矩形工具"□.绘制圆角矩形，并添加内阴影（需添加两次）、渐变叠加、投影的图层样式，制作按钮的内部效果。

（3）使用"钢笔工具"⌀.绘制按钮的亮部，并调整不透明度。

（4）使用"椭圆工具"○.绘制圆，并在其上方使用"钢笔工具"⌀.绘制">"图标。

（5）使用"横排文字工具" T 输入"点击参与"。

具体设计过程如图4-75所示。

①制作外部效果　　②制作内部效果　　③绘制亮部　　④绘制圆和图标　　⑤输入文字

图4-75　点击参与按钮设计过程

4.6 AI辅助设计

Vega AI　生成预约表单

Vega AI是一个强大的在线AI插画平台，提供文生图、图生图等多种绘画模式，能有效简化设计流程，并生成高质量图像。Vega AI还支持快速训练和自由定制，提供视频生成功能，有助于设计人员高效创作。例如，使用Vega AI生成预约表单，用户可在生成的表单中选择合适的表单效果。

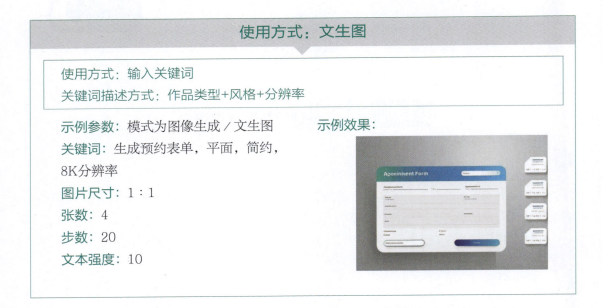

Midjourney 中文站　生成音量调节按钮

Midjourney中文站中MJ绘画的6种功能模式为设计人员获取按钮灵感提供了更多选择，无论是追求真实细节、动漫风格还是艺术增强，Midjourney中文站都能实现设计人员的创意和想法。

- MJ5.2（真实细节）。强调真实细节的表现，注重真实世界中的细节和纹理，使得图像看起来更加逼真和生动。
- MJ5.0（动漫增强）。专注于动漫风格的模式，在该模式下生成的图像会具有更加鲜明的动漫风格，色彩更加鲜艳，线条更加流畅。
- MJ5.1（艺术增强）。专注于真实艺术风格图像的表现，在该模式下生成的图像会具有强烈的艺术氛围和风格，使得作品看起来更加独特和有创意。
- MJ6.0（动漫质感）。专注于动漫风格的模式，在该模式下生成的动漫风格图像不仅具有鲜明的动漫风格，还注重图像的质量和细节表现。
- MJ6.0（真实质感）。强调真实质感的表现，在该模式下生成的图像会注重真实世界中的质感表现，如光影、材质等，使得作品看起来更加真实和立体。
- MJ6.1（细节纹理）。强调细节纹理的表现，在该模式下生成的图像会注重细节内容，使得作品看起来更加真实。

例如，使用Midjourney中文站生成音量调节按钮。

使用方式：文生图

使用方式：输入关键词
关键词描述方式：主体描述+风格+细节补充+构图+光线
主要参数：模式、模型、生成尺寸、高级参数（质量化、多样化、风格化）

示例参数：模式为MJ绘画／MJ5.1（艺术增强）
质量化／风格化／多样化：100／100／1
生成尺寸：1∶1
关键词描述：音量调节按钮，简约设计，平面风格，白色背景，清晰线条，对称构图，极简主义，柔和光线，静态，简洁

示例效果：

🖑 拓展训练

　　请参考上文提供的使用方式，在Midjourney中文站中重新选择一种绘画模式，生成视频播放滑块，提升对AI绘图工具的应用能力。

4.7　课后练习

1. 填空题

（1）滑块通常由_____、_____、_____组成

（2）滑块按照设计风格可分为_____和_____两种类型。

（3）表单主要负责数据采集，其具备_____功能。

（4）_____是用户与界面进行交互的基本元素。

2. 选择题

（1）【单选】下列选项中，以线条为主体设计的滑块是（　　）。

A. 线条滑块　　　　　B. 面性滑块　　　　　C. 单个滑块　　　　　D. 旋转滑块

（2）【单选】下列选项中，主要通过文字来展示其功能的按钮是（　　）。

A. 文本按钮　　　　　B. 图文按钮　　　　　C. 图像按钮　　　　　D. 以上都不是

（3）【多选】设计滑块需要满足的设计要点是（　　）。

A. 易用性　　　　　　B. 可视性　　　　　　C. 直观性　　　　　　D. 适应性

（4）【多选】下列关于控件的设计要点，说法正确的有（　　）。

A. 表单是用于与用户沟通的工具，应以逻辑清晰的方式引导用户完成填写

B. 滑动块和滑动条的设计应与整体的UI风格相协调

C. 旋转滑块以旋转造型为主体

D. 在进行表单设计时，表单的主题思想要具备差异性

3. 操作题

（1）为音乐App制作音量滑块，方便在播放音乐时调整音量，要求音量滑块外形简约、色彩与背景相符，具有视觉吸引力，参考效果如图4-76所示。

（2）某视频网站近期准备添加弹幕功能，现需设计开启和关闭按钮，要求按钮外形简约、识别性强，参考效果如图4-77所示。

（3）使用Midjourney中文站设计水晶效果的按钮，要求按钮具有水晶的通透感、视觉效果好，参考效果如图4-78所示。

图4-76　音量滑块参考效果　　　图4-77　开启和关闭按钮参考效果　　　图4-78　水晶按钮参考效果

Ps

第 章

网页设计

网页设计不仅需要在技术上求新求异，还需要在视觉上迎合用户的审美。随着互联网的迅速发展，用户对网页的视觉美观性也提出了更高的要求。优秀的网页设计可以更好地诠释企业或品牌形象，加深用户印象。因此，掌握网页设计的基础知识和操作方法至关重要。

学习目标

▶ **知识目标**

◎ 了解网页的组成、常见类型和布局方式。
◎ 掌握网页设计要求和尺寸规范。

▶ **技能目标**

◎ 能够使用 Photoshop 设计不同类型的网页。
◎ 能够借助 AI 工具设计网页。

▶ **素养目标**

◎ 培养良好的网页设计能力，创作出美观、易用、符合
　用户需求的网页。
◎ 保持对新技术和新设计理念的关注度，不断提升设计水平。

学习引导

STEP 1 相关知识学习　　　　　　　　建议学时：＿1＿学时

课前预习	1. 扫码了解网页的重要性 2. 上网搜索并赏析热门企业的网页设计，分析其特点

课前预习

课堂讲解	1. 网页的组成和常见类型 2. 网页的布局方式和设计要求 3. 网页的尺寸规范

重点与难点	1. 学习重点：网页首页和内页的设计 2. 学习难点：如何平衡页面中的元素

STEP 2 案例实践操作　　　　　　　　建议学时：＿3＿学时

实战案例	1. 设计家装公司官网首页 2. 设计家装公司官网内页 3. 切片与输出家装公司网页	操作要点	1. 调色命令、画板工具 2. 图框工具、滤镜库的应用 3. 切片工具、存储为Web所用格式

案例欣赏

STEP 3 技能巩固与提升　　　　　　　　建议学时：＿4＿学时

拓展训练	1. 设计水乡土特产网站首页 2. 设计水乡土特产网站登录页

AI 辅助 设计	1. 使用文心一言获取网页设计思路和灵感 2. 使用即时AI生成完整智能家居页面

课后练习	通过练习题巩固行业知识和软件操作，提升设计能力和实操能力

5.1　行业知识：网页设计基础

网页作为企业及各类线上平台展示形象、产品、服务及文化的关键窗口，其重要性不言而喻。要想打造出既美观、实用，又能有效传达信息、满足用户需求的网页，设计人员需要先了解网页的组成、类型、布局方式、设计要求、尺寸规范等内容，让网页设计变得更加得心应手。

5.1.1　网页的组成

网页主要由页头、Banner、板块内容和页尾4部分组成，如图5-1所示。

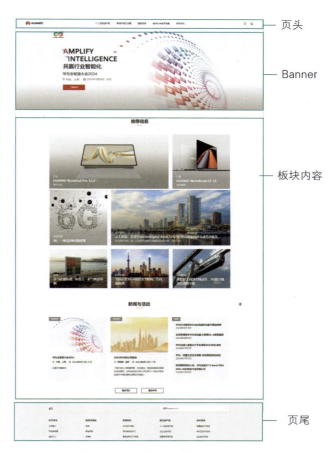

- **页头**。页头主要包含网站标识和导航栏等内容。导航栏需要展示网页的类目，便于用户查看二级内容。
- **Banner**。一般位于导航栏下方，主要展现网页的重点内容，如宣传活动、宣传广告、主推的商品等，需要具有较强的视觉影响力。
- **板块内容**。一般位于Banner下方，主要是对网页的主要内容进行展现。
- **页尾**。位于网页的结尾部分，一般用于总结网页内容，或展示分类信息，与导航栏具有一定对应关系，便于用户重新浏览网页。页尾还会展示版权声明、备案信息等内容。

图5-1　网页的组成

5.1.2　网页常见的类型

网页有首页、列表页、详情页、专题页、控制台页和表单页等常见类型，网页中的页面类型组成不是固定的，可根据自身需求进行添加。

- **首页**。首页又称为主页，一般是用户访问网站时出现的第一个页面，也是用户了解该网站内容的第一步。首页主要包含主题图像区、介绍信息区和用户登录/注册区等区域。

- **列表页**。列表页又称list页，常用于整合网站信息，方便用户查看信息并进行对应的操作。
- **详情页**。详情页是用于展示产品详细信息的页面。
- **专题页**。专题页是针对某一特定主题而制作的页面，包含丰富的信息，设计要求较高。
- **控制台页**。控制台页是集合网站数据，并用图形、数字和文案等方式展示相应数据，将数据一目了然地呈现给用户的页面。
- **表单页**。表单页是用于执行登录、注册、下单和评论等功能的页面。表单页的结构较简单，但要有逻辑，以便快速地引导用户完成各项操作。

5.1.3 网页的布局方式

常见的网页布局方式包括封面型布局、顶部Banner+栅格布局、单栏布局、"国"字形布局。

- **封面型布局**。封面型布局的网页往往会直接使用一些极具设计感的图像或动画作为背景，常在此基础上添加一个简单的"进入"按钮。这种布局方式比较开放、灵活，如果运用得恰到好处，会给用户带来赏心悦目的感觉。图5-2所示为"支付宝"首页，该首页采用封面型布局方式，以一张封面图占据页面大部分区域，用户只需单击对应的按钮即可进入其他页面。

图5-2　封面型布局

- **顶部Banner+栅格布局**。顶部Banner+栅格布局即顶部为导航栏和Banner大图，用于展现关键内容；中间部分为主要内容区域，为3~5个分栏，用于展示不同类别的信息；底部展示企业的基本信息、联系方式和版权声明等，起到对网页内容补充说明的作用。无论用户的屏幕尺寸有多大，使用这种布局方式都能充分展示页面所有内容，便于用户浏览和阅读。图5-3所示为一家净化器企业官方网站的首页，该首页便采用了顶部Banner+栅格布局方式，上方的Banner起到点题的作用，中间的栅格板块介绍企业、产品等信息，帮助用户了解企业和产品，最下方则总结企业内容。
- **单栏布局**。单栏布局是以竖排单栏的形式展现内容，常用于小型网站。

- **"国"字形布局。**"国"字形布局的网页通常会在页面最上方放置Logo、导航栏和Banner，然后展现主体内容（分为左、中、右三大块，或是左、右两大块），而页面底部则是企业的一些分类信息、联系方式等。图5-4所示的首页便采用"国"字形布局的方式，即上方为导航栏和Banner，中间为主体内容，最下方为企业的分类信息和联系方式，内容直观，方便查看。

图5-3　顶部Banner+栅格布局　　　　　图5-4　"国"字形布局

5.1.4　网页的设计要求

为避免制作的网页效果不符合需求，设计人员需要了解网页的设计要求。

- **主题鲜明。**网页的主题不同，其展现主题的方式也会不同，如社会新闻类网页常采用图文结合的方式展现主题，而娱乐类网页则采用音乐和视频结合的方式展现主题。只有主题鲜明的网页才能获得用户的肯定，因此设计人员需要按照目标用户需求，使用与主题相契合的设计方式、风格来体现网页的内容，使网页的主题鲜明、特点突出。
- **合理的版式布局。**在进行网页设计时，首先要做好版式布局，这样才能使网页成品更符合需求、更加美观。版式布局主要对文字、图形、图像等设计元素通过排版的方式进行排列，以达到最佳的视觉效果。在进行布局时应该基于清晰的信息架构，确保用户能够轻松找到所需信息。

- **适合的风格**。网页风格是对品牌形象、主营商品类型、服务方式等内容的集中体现，是影响用户第一印象的直接因素。设计人员在进行网页设计时，一定要综合考虑品牌文化、商品信息、目标用户、市场环境和季节等因素，明确网页定位，做到网页风格和企业或品牌的定位相统一。

- **搭配合理元素**。网页设计需合理搭配各构成元素，以突出重要信息并引导用户正确浏览。这包括选择与品牌色相符或一致的色彩，使用易读的字体和字号，设计清晰、直观的导航菜单，以及保持内容简洁，避免冗余、复杂，提供对用户有价值的信息等。通过这些合理搭配，可以设计出既美观又实用的网页。

5.1.5 网页的尺寸规范

网页多是在Windows操作系统中显示的，因此了解网页的尺寸规范可从Windows操作系统出发。

由于Windows操作系统在不断地升级改版，因此其网页尺寸有很多，常见的网页尺寸主要包括图5-5所示的9种（ppi表示"像素/英寸"，1英寸=25.4毫米）。

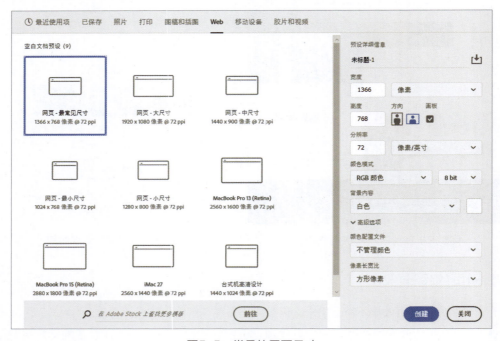

图5-5　常见的网页尺寸

设计大讲堂

在制作网页时，网页的高度并非固定，而是根据内容的多少进行动态调整。设计人员通常先选定一个合适的网页尺寸作为设计基准，网页的实际高度会随内容的增减而自适应变化，以确保用户能在页面中顺畅地浏览，但也不能过长，避免网页加载时出现卡顿的情况。

5.2　实战案例：设计家装公司官网首页

案例背景

　　润朗家装公司作为一家在装修行业有着深厚积累的公司，以其专业的服务、高质量的成品和创新的管理模式，赢得了市场和客户的广泛认可。鉴于近期升级了装修材料和设计团队，该公司准备重新设计官网首页，方便客户了解公司信息，同时更好地宣传公司，具体要求如下。

　　（1）首页主要展现企业介绍、案例展示、设计师介绍、家居指南内容。

　　（2）首页结构符合逻辑，主题明确，内容清晰、有层次，视觉效果好，能提升企业形象。

设计思路

　　（1）色彩设计。以较为沉稳的蓝色为主色，以灰色为辅助色，搭配红色进行点缀。

　　（2）文字设计。选择识别性强的黑体类字体，如方正超值体简、思源黑体等。

　　（3）页面组成与布局。采用顶部Banner+栅格布局的方式，逐一罗列企业介绍、案例展示、设计师介绍、家居指南、页尾等内容，如图5-6所示。

　　本例参考效果如图5-7所示。

操作要点

　　（1）运用"亮度/对比度""色阶""色相/饱和度"命令优化图片的色彩效果。

　　（2）运用画板工具调整页面的大小。

操作要点详解

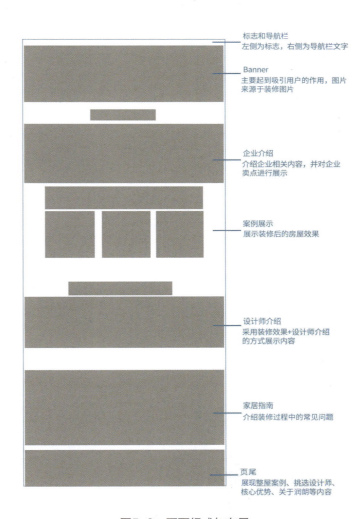

标志和导航栏
左侧为标志，右侧为导航栏文字

Banner
主要起到吸引用户的作用，图片来源于装修图片

企业介绍
介绍企业相关内容，并对企业卖点进行展示

案例展示
展示装修后的房屋效果

设计师介绍
采用装修效果+设计师介绍的方式展示内容

家居指南
介绍装修过程中的常见问题

页尾
展现整屋案例、挑选设计师、核心优势、关于润朗等内容

图5-6　页面组成与布局

图5-7　完成后的效果

查看更多

设计师团队N对1服务

硬装+软装+收纳，全案设计服务，更省心，效果更好

1 2 3 4 <u>5</u>

查看更多

查看更多

整屋案例	挑选设计师	核心优势	关于润朗	加入我们
图片案例	生活提案	装修流程	公司招聘	
全景案例	首席设计师	核心优势	公司动态	
热装楼盘	主任设计师	在线订单	联系我们	
户型解析	优秀设计师	在线报价		
	软装设计师			

公众号　　视频号　　抖音号

图5-7　完成后的效果（续）

5.2.1 设计标志和导航栏

以房屋的形状和润朗的首字母大写"RL"组合的方式设计标志，使标志能直观凸显企业的名称。同时设计与企业相关的导航类目，使用户能更加直观地了解企业信息，具体操作如下。

微课视频

设计标志和导航栏

（1）按【Ctrl+N】组合键打开"新建文档"对话框，在"Web"选项卡中，选择"网页-大尺寸"选项，勾选"画板"复选框，单击 创建 按钮。

> **操作小贴士**
>
> 使用画板的好处之一是可以随时调整文件的宽度、高度和文件内容位置。在进行网页设计时，画板宽度一般会保持1920像素固定不变，画板高度则可根据设计需求随时调整。使用"画板工具" 🔲 单击当前画板名称，然后向下拖曳画板底部边缘，即可增加任意高度，同时不会影响已有内容的大小和位置。

（2）按【Ctrl+R】组合键打开标尺，在离图像顶部150像素、左右两侧300像素的位置分别添加参考线，用于确认内容的显示位置。

（3）选择"矩形工具" 🔲，在工具属性栏中设置"填充"为"#2892c2"，在图像顶部绘制大小为"1920像素×70像素"的矩形。然后在矩形左侧绘制大小为"370像素×150像素"的矩形，并设置"填充"为"#ffffff"，效果如图5-8所示。

图5-8 绘制矩形

（4）选择白色的矩形，选择【图层】/【图层样式】/【投影】命令，设置"颜色""不透明度""角度""距离""扩展""大小"分别为"#929292""50%""113度""4像素""0%""21像素"，单击 确定 按钮，效果如图5-9所示。

（5）选择"钢笔工具" 🖊，绘制房屋形状路径，将路径转换为选区后填充"#1e78a0"颜色，完成后的效果如图5-10所示。

图5-9 添加投影图层样式   图5-10 绘制房屋形状

（6）选择"横排文字工具" 🅣，设置"字体"为"方正本墨物语 简"，"文本颜色"为"#1e78a0"，在房屋形状中输入"RL"，调整大小和位置，完成标志的制作，效果如图5-11所示。

（7）选择"横排文字工具" T．，在白色矩形中分别输入"润朗家装公司""有家有爱看润朗家装——"，在工具属性栏中设置"字体"为"方正经黑简体"，"文本颜色"分别为"#ffffff""#1e78a0"，调整文字的大小和位置。

（8）选择"矩形工具" □．，在工具属性栏中设置"填充"为"#1e78a0"，在"润朗家装公司"文字图层下方绘制大小为"220像素×40像素"的矩形，如图5-12所示。

图5-11　输入文字

图5-12　绘制矩形

（9）打开"导航图标.psd"素材文件，将其中的图标分别拖曳到白色矩形右侧，然后调整大小和位置。

（10）选择"横排文字工具" T．，输入图5-13所示的文字，在工具属性栏中设置"字体"为"思源黑体 CN"，"文本颜色"分别为"#ffffff""#2892c2""#3e3e3e"，调整文字的大小和位置，完成导航栏的制作。

图5-13　导航栏效果

5.2.2　设计Banner

设计Banner时可先制作其背景，由于背景图片存在色彩偏亮和色彩偏差的情况，因此需要先调整颜色，然后绘制装饰形状和输入文字，具体操作如下。

（1）选择标志和导航的所有图层，按【Ctrl+G】组合键创建组，并将组的名称修改为"标志和导航"。

（2）选择"矩形工具" □．，在工具属性栏中设置"填充"为"#000000"，在导航的下方绘制大小为"1920像素×750像素"的矩形。

（3）打开"Banner素材1.jpg"素材文件，将素材图片拖曳到绘制的矩形中，按【Ctrl+Alt+G】组合键创建剪贴蒙版，如图5-14所示。

（4）由于该图片主要用作翻页后的底纹部分，因此不能太亮，需要先降低图片的亮度和对比度。选择【图像】/【调整】/【亮度/对比度】命令，打开"亮度/对比度"对话框，设置"亮度"为"-60"，"对比度"为"60"，单击 确定 按钮，效果如图5-15所示。

（5）打开"Banner素材2.jpg"素材文件，将素材图片拖曳到绘制的矩形中，按【Ctrl+Alt+G】组合键创建剪贴蒙版。选择【图像】/【调整】/【色阶】命令，打开"色阶"对话框，设置色阶值分别为"20""1.58""210"，单击 确定 按钮，增加素材的亮度，效果如图5-16所示。

图5-14 创建剪贴蒙版

图5-15 调整亮度和对比度

（6）选择【图像】/【调整】/【色相/饱和度】命令，打开"色相/饱和度"对话框，设置"色相"为"-6"，"饱和度"为"21"，单击 确定 按钮，效果如图5-17所示，此时可发现灯笼的颜色变红，与实物更加符合。

图5-16 调整色阶

图5-17 调整色相和饱和度

（7）新建图层，选择"钢笔工具" ，绘制翻页路径，将路径转换为选区，选择"渐变工具" ，设置渐变颜色为"#c1bcbc~#919096~#182739"，在图像编辑区中从左上角向右下角拖曳添加渐变颜色，如图5-18所示。

（8）选择"Banner素材2.jpg"素材图片所在图层，单击"图层蒙版"按钮 ，设置前景色为"#000000"；选择"画笔工具" ，设置"画笔大小"为"60"，在翻页形状的右下方拖曳，使部分素材图像隐藏，效果如图5-19所示。

图5-18 添加渐变颜色

图5-19 添加图层蒙版1

（9）选择翻页形状所在图层，选择【图层】/【图层样式】/【投影】命令，设置"颜色""不透明度""角度""距离""扩展""大小"分别为"#06252f""35%""-26度""18像素""30%""110像素"，单击 确定 按钮，效果如图5-20所示。

（10）由于翻页形状的下方轮廓过于清晰，整个翻页效果过渡不自然。可选择翻页形状所在图层，单击"图层蒙版"按钮■，设置前景色为"#000000"；选择"画笔工具"
✏，设置"画笔大小"为"60"，在翻页形状的下方拖曳，使翻页效果过渡自然，效果如图5-21
所示。

图5-20　添加投影图层样式

图5-21　添加图层蒙版2

（11）选择"矩形工具"▢，在工具属性栏中设置"填充"为"#ffffff"，在图像的下方
绘制大小为"1920像素×180像素"的矩形，并设置"不透明度"为"30%"，效果如图5-22
所示。

（12）选择"矩形工具"▢，设置"填充"为"#ffffff"，"半径"为"10像素"，在矩形
中绘制两个大小均为"260像素×45像素"的圆角矩形；设置"填充"为"#d73a3a"，在圆
角矩形的右侧绘制大小为"170像素×45像素"的圆角矩形，效果如图5-23所示。

图5-22　绘制并调整矩形

图5-23　绘制圆角矩形

（13）选择"横排文字工具"🅃，在工具属性栏中设置"字体"为"方正超值体 简"，输
入前两排文字，再设置"字体"为"思源黑体 CN"，输入其他文字，调整字体大小、位置和
颜色，完成Banner的制作，效果如图5-24所示。

图5-24　完成Banner的制作

5.2.3 设计中间区域

中间区域的内容主要包括企业介绍、案例展示、设计师介绍、家居指南板块，在制作时可采用"国"字形布局的方式，分别对各个板块进行罗列，使板块内容在具备美观性的同时便于查看，但需要注意色彩的统一性，具体操作如下。

（1）选择Banner的所有图层，按【Ctrl+G】组合键创建组，并将组的名称修改为"Banner"。

（2）选择"画板工具" ，在工具属性栏中将"高度"修改为"5500像素"，增加文件高度。

（3）选择"矩形工具" ，分别绘制大小为"1920像素×800像素""650像素×365像素""170像素×120像素"的矩形，分别设置填充颜色为"#eff7fd""#ffffff""#2892c2"，然后绘制4个大小均为"335像素×260像素"的矩形，设置填充颜色为"#ffffff"，效果如图5-25所示。

（4）选择"横排文字工具" ，输入图5-26所示的文字，在工具属性栏中设置"润朗家装，专业整装21年"文字的"字体"为"方正兰亭粗黑_GBK"，其他文字的"字体"为"思源黑体 CN"，调整文字的大小、位置和颜色。

图5-25　绘制矩形　　　　　　　　　图5-26　输入文字1

（5）打开"中间区域1.jpg""中间区域2.png"素材文件，将素材图片依次拖曳到绘制的矩形中，调整大小和位置，如图5-27所示。

（6）打开"中间区域3.png""中间区域4.png""中间区域5.png"素材文件，将素材图片依次拖曳到绘制的矩形中，调整大小和位置。选择"横排文字工具" ，输入文字，在工具属性栏中设置"润朗实景案例"文字的"字体"为"方正兰亭粗黑_GBK"，其他文字的"字体"为"思源黑体 CN"，调整文字的大小、位置和颜色，如图5-28所示。

（7）选择"矩形工具" ，在工具属性栏中取消填充，设置"描边颜色"为"#b5b2b2"，"描边宽度"为"3 点"，绘制大小为"600像素×80像素"的矩形。选择"横排文字工具" ，输入"查看更多"，设置"字体"为"思源黑体 CN"，调整文字的大小、位置和颜色，完成"查看更多"按钮的制作，如图5-29所示。

（8）在文字的下方绘制大小为"1920像素×650像素"的矩形，打开"Banner素材6.jpg"素材文件，将素材图片拖曳到绘制的矩形上方，调整大小和位置，按【Ctrl+Alt+G】组合键创建剪贴蒙版。

（9）选择"矩形工具" ，在工具属性栏中设置"填充"为"#050000"，绘制大小为"450

像素×500像素"的矩形，设置该矩形的不透明度为"60%"。打开"Banner素材7.png"素材文件，将素材图片拖曳到绘制的矩形上方，调整大小和位置，如图5-30所示。

图5-27　添加素材

图5-28　输入文字2

图5-29　制作"查看更多"按钮

图5-30　添加素材并绘制矩形

（10）选择"横排文字工具" T.，输入文字，在工具属性栏中设置"设计师团队N对1服务"文字的"字体"为"方正兰亭粗黑_GBK"，其他文字的"字体"为"思源黑体 CN"，调整文字的大小、位置和颜色。

（11）选择"矩形工具" ，在"立即预约"文字下方绘制大小为"150像素×40像素"的矩形，并设置"填充"为"#d73a3a"；在"查看详情"文字下方绘制大小为"150像素×40像素"的矩形，取消填充，设置"描边颜色"为"#ffffff"，"描边宽度"为"1 点"。选择"5"，打开"属性"面板，单击"下划线"按钮 T，为文字添加下划线，效果如图5-31所示。

（12）选择"矩形工具" ，在工具属性栏中设置"填充"为"#1e78a0"，绘制大小为"1920像素×1000像素"的矩形。选择"矩形工具" ，设置"填充"为"#ffffff"，在矩形的中间区域绘制大小为"1260像素×490像素"的矩形。打开"Banner素材8.jpg"素材文件，将素材图片拖曳到绘制矩形的右侧，调整大小和位置。

（13）选择"横排文字工具" T.，输入文字，在工具属性栏中设置"家居指南"文字的"字体"为"方正兰亭粗黑_GBK"，其他文字的"字体"为"思源黑体 CN"，调整文字的大小、位置和颜色。

（14）选择"查看更多"按钮，按住【Alt】键不放并向下拖曳以复制该按钮，修改按钮和文字的颜色为"#ffffff"，完成中间区域的设计，效果如图5-32所示。

图5-31　为文字添加下划线

图5-32　复制并修改按钮

5.2.4　设计页尾区域

　　页尾部分需综合展示整屋案例、挑选设计师、核心优势、关于润朗等内容，方便用户快速跳转到对应的页面中，具体操作如下。

　　（1）选择中间区域的所有图层，按【Ctrl+G】组合键创建组，并将组的名称修改为"中间区域"。

　　（2）选择"画板工具" ，在工具属性栏中将"高度"修改为"6000像素"。

　　（3）使用"矩形工具" 在画板底部绘制大小为"1920像素×500像素"的矩形，设置"填充"为"#eff7fd"。

　　（4）打开"网页图标2.png"素材文件，将图标素材拖曳到矩形右侧。

　　（5）使用"横排文字工具" 输入文字，设置"字体"为"思源黑体 CN"，"文本颜色"为"#000000"，并将最上方一行的文字加粗显示。选择"直线工具" ，绘制4条竖线，设置"填充"均为"#0867ae"，图层"不透明度"均为"40%"，完成页尾的制作，效果如图5-33所示。

微课视频

设计页尾区域

图5-33　页尾效果

5.3 实战案例：设计家装公司官网内页

案例背景

　　润朗家装公司在完成官网首页的制作后，准备开展后续的内页设计，包括整屋案例网页、登录页等，具体要求如下。

　　（1）内页风格与首页统一，内容要与首页内容对应。

　　（2）内页结构符合逻辑，主题明确，视觉效果好、层次分明，符合企业形象。

设计思路

　　（1）色彩设计。沿用首页中的蓝色为主色，通过不同的明度增加层次感。

　　（2）文字设计。选择识别性强的黑体类字体，如思源黑体，方便用户识别文字内容。

　　（3）页面组成与布局。整屋案例网页中可先通过Banner的形式展示内页主题，然后通过列表的方式展现类目，采用图文结合的方式体现企业在该类目的优秀案例，页尾设计沿用首页的，加强统一性，布局如图5-34所示。登录页则通过美观的背景搭配登录窗口，在具备美观度的同时，能使用户快速、方便地登录账号，布局如图5-35所示。

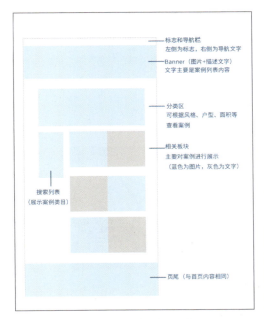

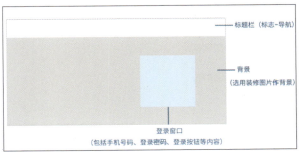

图5-34　整屋案例网页布局　　　　　　　图5-35　登录页布局

　　本例参考效果如图5-36、图5-37所示。

当前位置：首页>整屋案例>全部案例

风格	全部	轻奢	现代	中式	简美	北欧	港式	欧式	美式	地中海	其他
户型	全部	普通住宅	公寓	大平层跃层	别墅	复式	其他				
面积	全部	100m²以下	100-140m²	140-200m²	300m²以上						

搜索　　人气↕　　最新↕　　好评↕　　装修案例　　**搜索**

整屋案例

全部案例 ▶

实景案例

图片案例

全景案例

视频案例

案例解析

绿地圣罗兰别墅430㎡法式

430㎡法式私宅，这才叫大型「凡尔赛」现场

五龙山蓝山别墅500㎡现代

三面花园五层享受，演绎质感的低调奢华

龙湖西府琅悦大平层175㎡中式

血脉觉醒！装个新中式大平层，仿佛到了真江南！

图5-36　整屋案例网页效果

图5-36　整屋案例网页效果（续）

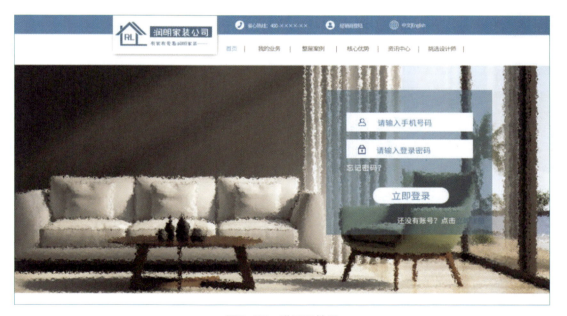

图5-37　登录页效果

操作要点

（1）运用图框工具置入嵌入图片素材。

（2）运用滤镜库调整图像的视觉效果。

操作要点详解

5.3.1 设计整屋案例网页

微课视频

设计整屋案例网页

在设计整屋案例网页时可先复制首页中导航栏部分内容，再通过列表的方式展现业务类目，并采用图文结合的方式体现优秀案例，以更直观展示装修效果，具体操作如下。

（1）按【Ctrl+N】组合键打开"新建文档"对话框，在"Web"选项卡中，选择"网页-大尺寸"选项，勾选"画板"复选框，单击 创建 按钮。

（2）选择"画板工具" ，在工具属性栏中将"高度"修改为"4100像素"。

（3）将首页中的导航栏内容复制到内页中，修改"整屋案例"文字的颜色为"#2892c2"，"首页"文字的颜色为"#3e3e3e"。

（4）选择"矩形工具" ，绘制大小为"1920像素×600像素"的矩形，并设置"填充"为"#74bcdd"。打开"内页素材1.jpg"素材文件，将素材图片拖曳到矩形上，按【Ctrl+Alt+G】组合键创建剪贴蒙版，效果如图5-38所示。

（5）选择"矩形工具" ，设置"填充"为"#ffffff"，"圆角半径"为"45像素"，在图像中绘制大小为"1100像素×90像素"的圆角矩形，再设置圆角矩形的"不透明度"为"70%"。

（6）选择"横排文字工具" ，输入图5-39所示的文字，其中"家装案例"文字的"字体"为"方正兰亭粗黑_GBK"，"文本颜色"为"#ffffff"，其他文字的"字体"为"思源黑体 CN"，"文本颜色"为"#413f3f"，调整文字的大小和位置。

图5-38　添加素材

图5-39　输入文字1

（7）选择"矩形工具" ，绘制大小为"1620像素×380像素"的矩形，并设置"填充"为"#f6f7f8"；在矩形的左侧绘制大小为"210像素×380像素"的矩形，并设置"填充"为"#d3ecf7"；在矩形的下方绘制4个不同大小的矩形，取消填充，设置"描边颜色"为"#1f1f1f"，"描边宽度"为"1点"；在矩形的右侧绘制"填充"为"#fd0000"的矩形。

（8）选择"直线工具" ，在矩形的上方绘制"填充"为"#a9a9ab"的直线，效果如图5-40所示。

（9）使用"横排文字工具" 输入文字，设置"字体"为"思源黑体 CN"，调整文字的大小、位置和颜色，效果如图5-41所示。

（10）选择"直线工具" ，设置"填充"为"#74bcdd"，单击 按钮，在打开的下拉列表中勾选"起点"复选框，然后分别在"人气""最新""好评"文字的右侧绘制箭头，效果如图5-42所示。

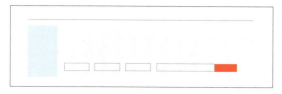

图5-40　绘制直线　　　　　　　　图5-41　输入文字2

（11）选择"矩形工具" ，设置"填充"为"#d3ecf7"，"圆角半径"为"30像素"，在Banner左下方绘制大小为"376像素×960像素"的圆角矩形。

（12）使用"矩形工具" 在圆角矩形的中间区域绘制"填充"为"#74bcdd"、大小为"540像素×150像素"的矩形，并与圆角矩形图层一起创建剪贴蒙版。修改"填充"为"#2892c2"，"圆角半径"为"28像素"，在圆角矩形的上方绘制大小为"290像素×60像素"的圆角矩形，如图5-43所示。

（13）选择"三角形工具"，设置"填充"为"#0867ae"，在矩形的右侧绘制三角形。使用"横排文字工具" 输入文字，设置"字体"为"思源黑体 CN"，调整文字的大小、位置和颜色，效果如图5-44所示。

图5-42　绘制箭头　　　　　　　图5-43　绘制图形 图5-44　输入文字3

（14）选择"图框工具"，在"全部案例"文字右侧绘制大小为"580像素×464像素"的矩形图框，如图5-45所示。

（15）"图层"面板中将自动新建一个"图框 1"图层，选中该图框图层，在"属性"面板的"插入图像"下拉列表中选择"从本地磁盘置入-嵌入式"选项，打开"置入嵌入的对象"对话框，在其中选择"内页素材2.jpg"素材文件，单击 置入(P) 按钮，然后按【Ctrl+T】组合键调整素材图片在图框中的大小和位置，按【Enter】键确认，效果如图5-46所示。

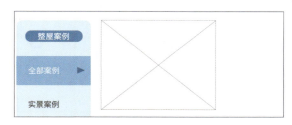

图5-45　绘制图框　　　　　　　图5-46　置入嵌入的对象

（16）使用"矩形工具"  在图框的右侧绘制一个"填充"为"#ddecf3"、大小为"615像素×464像素"的矩形。使用"横排文字工具" T₁ 输入文字，调整文字大小、位置和颜色，效果如图5-47所示。

（17）使用与步骤（16）相同的方法，在下方制作其他3个图文板块，效果如图5-48所示。

图5-47　输入文字4　　　　　　　　　　图5-48　制作其他3个图文板块

（18）选择"矩形工具" ，在最后一个图文板块下方绘制6个大小均为"100像素×40像素"的矩形，取消前面4个矩形的填充效果，并设置"描边颜色"为"#383a3b"，"描边宽度"为"1点"；设置第5个矩形的"填充"为"#ffffff"，"描边颜色"为"#383a3b"，"描边宽度"为"1点"；设置最后一个矩形的"填充"为"#0867ae"，取消描边。

（19）选择"横排文字工具" T₁，输入页面名称、页码、页面跳转相关文字，设置"字体"为"思源黑体 CN"。将首页中的页尾内容复制到内页中，效果如图5-49所示，完成整屋案例网页的制作，保存文件。

图5-49　复制页尾内容

5.3.2　设计登录页

设计登录页时，为了避免视觉效果过于单调，可为背景图制作特殊效果，使其具有油画质感，具体操作如下。

（1）按【Ctrl+N】组合键打开"新建文档"对话框，在"Web"选项卡中，选择"网页-大尺寸"选项，勾选"画板"复选框，单击 创建 按钮。

（2）将首页中的导航栏内容复制到内页中。选择"矩形工具" ▢，在工具属性栏中设置"填充"为"#1e78a0"，绘制大小为"1920像素×850像素"的矩形。打开"登录页素材.jpg"素材文件，将素材图片拖曳到矩形上，按【Ctrl+Alt+G】组合键创建剪贴蒙版，效果如图5-50所示。

（3）按【Ctrl+J】组合键复制素材图片，选择【滤镜】/【滤镜库】命令，打开"滤镜库"对话框，在"画笔描边"选项组中选择"喷溅"选项，设置"喷色半径"为"5"，"平滑度"为"2"，如图5-51所示。

图5-50　添加素材

图5-51　设置喷溅参数

（4）单击"新建效果图层"按钮 ⊞，新建效果图层，在"扭曲"选项组中选择"玻璃"选项，设置"扭曲度"为"5"，"平滑度"为"5"，"纹理"为"画布"，"缩放"为"103%"，如图5-52所示。单击 确定 按钮，效果如图5-53所示。

图5-52　设置玻璃参数

图5-53　查看滤镜效果

（5）选择"矩形工具" ▢，在工具属性栏中设置"填充"为"#1e78a0"，在右侧绘制大小为"590像素×540像素"的矩形，并设置"不透明度"为"50%"；修改"填充"为

"#ffffff"，在矩形的上方绘制两个大小均为"450像素×70像素"的矩形；修改"填充"为
"#ffffff"，"圆角半径"为"28像素"，在矩形的下方绘制大小为"270像素×60像素"的圆角
矩形，效果如图5-54所示。

（6）使用"横排文字工具" T.输入文字，设置"字体"为"思源黑体 CN"，调整文字大小、
位置和颜色。打开"矢量图.png"素材文件，将其添加到白色矩形中，调整大小和位置。完成
后保存文件，完成登录页的制作，如图5-55所示。

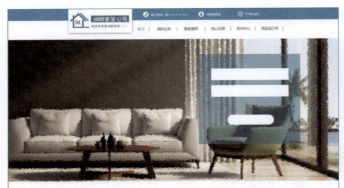
图5-54 绘制矩形和圆角矩形

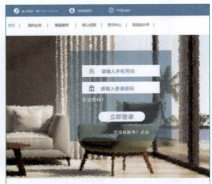
图5-55 添加文字和图标

5.4 实战案例：切片与输出家装公司网页

案例背景

润朗家装公司官网页面已制作完成，为了能提升图片高保真（更接近真实的视觉感受）效
果、便于后续添加在网页中，还需要切片处理成品图，并单独保存切片后的效果，具体要求
如下。

（1）切片后的效果要完整。

（2）需要保存HTML和图像两个文件，方便使用。

设计思路

分别对导航、Banner、企业介绍板块、案例展示板块等单独进行切片，并对切片后的内
容进行命名和存储，方便后期调用。

本例参考效果如图5-56所示。

操作要点

操作要点详解

（1）使用切片工具切片网页图。

（2）使用切片工具调整切片位置。

（3）使用"存储为Web所用格式（旧版）"命令存储切片内容。

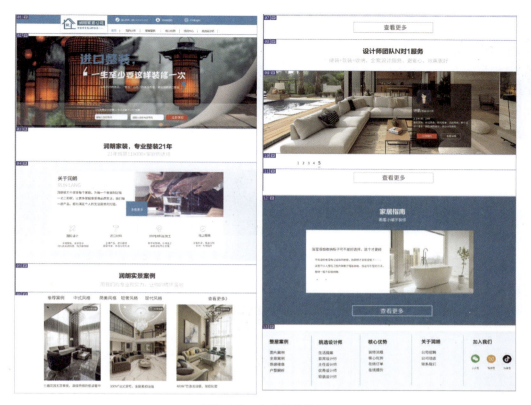

图5-56　完成后的效果

5.4.1　切片网页

微课视频

切片网页

在切片网页时，可按照网页的结构设置参考线。若单个结构部分高度过长，可将该内容划分为多个部分，再进行切片。切片后命名切片的内容，方便后期输出操作。具体操作如下。

（1）打开"企业官网首页.psd"图像文件，将其保存为".jpg"格式，然后打开保存后的首页图片，选择【视图】/【标尺】命令，或按【Ctrl+R】键打开标尺，在顶端的标尺上按住鼠标左键不放，向下拖曳直到需要添加参考线的区域。使用相同的方法在其他区域添加参考线，部分效果如图5-57所示。

（2）选择"切片工具"，在图像编辑区左上角按住鼠标左键不放，沿着参考线拖曳到右侧的目标位置后释放鼠标，创建的切片将以黄色线框显示，并在切片左上角显示蓝色的切片序号，如图5-58所示。

（3）在切片区域上单击鼠标右键，在弹出的快捷菜单中选择"编辑切片选项"命令，打开"切片选项"对话框，在"名称"文本框中设置切片名称，输入"image_home_1_Normal"（首页第一张图片），在"尺寸"栏中可查看切片的尺寸，单击 确定 按钮，如图5-59所示。

（4）选择"切片工具"，在工具属性栏中单击 基于参考线的切片 按钮，将沿参考线自动进行切片，如图5-60所示。

图5-57　添加参考线

图5-58　切片效果

图5-59　编辑切片选项

图5-60　切片其他区域

设计大讲堂

　　切片的命名多采用英文，这是因为后期在编写代码时，英文名称更加方便使用。当存在相同类型的切片时，为了更好地区分各个切片，还需要更加精确地命名切片。例如，对于一张图标切片，可以该图标是什么、在哪里、第几张、什么状态等内容进行命名，以便后期查找与选择切片图，如图5-61所示。

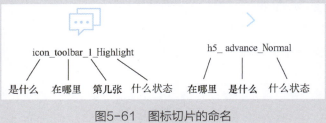

图5-61　图标切片的命名

　　（5）选择Banner区域，单击鼠标右键，在弹出的快捷菜单中选择"编辑切片选项"命令，打开"切片选项"对话框，在"名称"文本框中设置切片名称，输入"image_home_2_Normal"（首页第二张图片），单击 确定 按钮。使用相同的方法命名其他区域切片。

5.4.2　输出网页

微课视频

输出网页

　　将切片后的图像保存为"PNG-24"格式，并将其输出到单独的文件夹中，具体操作如下。

　　（1）选择【文件】/【导出】/【存储为Web所用格式（旧版）】命令，打开"存储为Web所用格式"对话框，设置文件格式为"PNG-24"，单击 存储... 按钮，如图5-62所示。

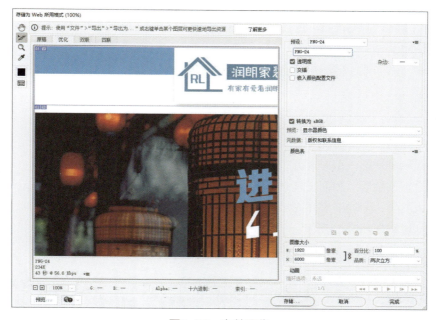

图5-62　存储图像

　　（2）打开"将优化结果存储为"对话框，选择文件的存储位置，并在"格式"下拉列表中选择"HTML和图像"选项，单击 保存(S) 按钮，如图5-63所示。

　　（3）打开存储切片的文件夹，可以看到"企业官网首页.html"网页和"images"文件夹，双击"images"文件夹，在打开的窗口中可查看输出切片的效果，如图5-64所示。

图5-63　存储切片

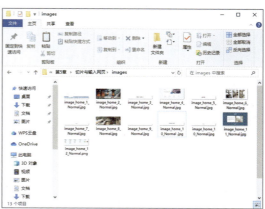

图5-64　查看输出切片的效果

5.5 拓展训练

实训 1　设计水乡土特产网站首页

实训要求

（1）水乡土特产网站准备以浙江特产为核心制作用于产品推广的首页，首页分为Banner、特产介绍、结尾3个部分。

（2）体现"游浙江，懂浙江"的主题，以图文结合的方式介绍当地特产，方便用户了解这些特产。

操作思路

（1）通过绘制矩形，布局首页。

（2）结合剪贴蒙版、图框工具添加图片。

（3）输入文字，添加图层样式、装饰图形等，美化文字效果。

具体设计过程如图5-65所示。

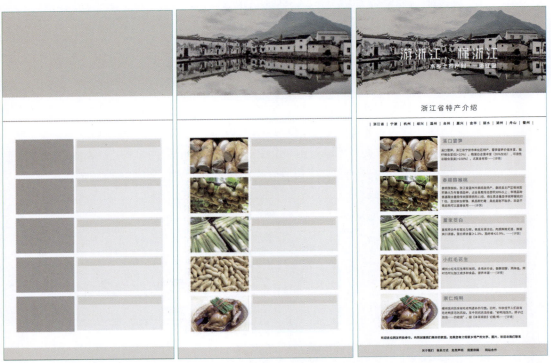

①布局首页　　　　　②添加图片　　　　　③添加文字

图5-65　水乡土特产网站首页设计过程

实训 2　设计水乡土特产网站登录页

实训要求

（1）为水乡土特产网站制作登录页，其风格需要与首页统一。

（2）在登录页中制作登录窗口，包含账号、密码和登录按钮等内容。

操作思路

（1）通过绘制矩形来布局登录页。

（2）添加旅游图片素材和图标素材。

（3）输入文字，通过为登录按钮添加图层样式增加美观度。

具体设计过程如图5-66所示。

①布局登录页

②添加素材

③输入文字并添加图层样式

图5-66　水乡土特产网站登录页设计过程

5.6　AI辅助设计

文心一言　获取网页设计思路和灵感

文心一言是百度推出的一款生成式AI写作工具，它不仅能够与用户互动对话、回答问题，还能够协助创作，高效、便捷地帮助人们获取信息、知识和灵感。在UI设计领域，文心一言可以帮助设计人员获取设计思路和灵感。例如，使用文心一言获取三元科技公司网页设计思路和灵感。

使用方式：提问

提问方式：交代背景＋赋予身份＋告知需求

示例1：三元科技公司需要设计企业官网，要求官网简洁、能凸显企业文化，内容要能弘扬企业精神，布局要合理，请作为一个专业的网页设计人员为我提供一些设计思路和灵感，分别从布局、风格、图形、色彩、文字方面阐述。

示例2：根据上面生成的内容，简单生成图表，方便后期设计。

示例效果：

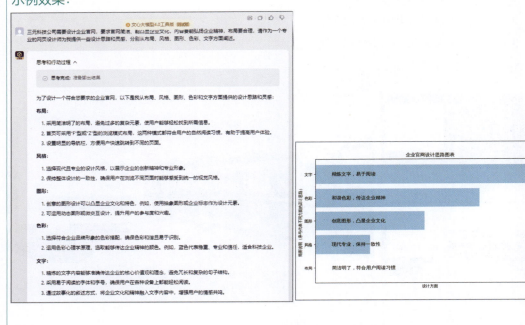

文心一言还具备一定的AI绘图功能，能以图像形式表达生成的内容，对设计人员有一定的启发，并在此基础上进行网页设计。

即时 AI　生成智能家居完整的大屏页面

即时AI是由即时设计推出的一款运用大模型技术的AI工具。即时AI通过用户的自然语言描述来生成可编辑的UI设计稿，即设计人员只需输入文字描述，AI即可快速生成层次结构清晰的UI设计稿。这一创新功能显著提高了设计人员的工作效率，并提供丰富的设计灵感。此外，即时AI的广泛应用还使得那些没有专业设计背景的设计人员也能轻松生成实用的UI设计稿，从而大大降低设计的门槛。例如，设计人员使用即时AI生成智能家居完整的大屏页面。

使用方式：文生图

使用方式：输入关键词

关键词描述方式：网页类型描述+具体要求

主要参数：文件、设备、模型

示例参数：即时AI／文生图UI

文件：新的即时AI文件

设备：网页端

关键词：设计一款智能家居大屏页面，包含设备控制、场景设置等模块，支持设备开关等功能

模型：JS - Ulbotics

示例效果：

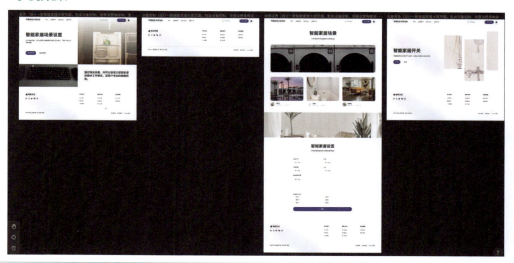

拓展训练

请参考上文提供的方法，先利用文心一言获取新能源（需指明主题）主题的网页设计思路和灵感，然后在即时AI中生成新能源主题的网页效果，提升对文心一言和即时AI的应用能力。

5.7 课后练习

1. 填空题

（1）网页主要由_____、_____、_____和_____组成。

（2）常见的网页布局方式包括_____、_____、_____和_____。

（3）表单页是用于执行＿＿＿＿＿、＿＿＿＿＿、＿＿＿＿＿和＿＿＿＿＿等功能的页面。

（4）首页又称为＿＿＿＿＿，一般是用户访问网站时出现的第一个页面。

2. 选择题

（1）【单选】主要包含网站标志和导航等内容的是（   ）。

A. 页头   B. Banner   C. 页中   D. 页尾

（2）【单选】（   ）是用于展示产品详细信息的页面。

A. 首页   B. 详情页   C. 登录页   D. 商品展示页

（3）【多选】下列选项中，属于网页的设计要求的是（   ）。

A. 主题鲜明   B. 合理的版式布局

C. 适合的风格   D. 搭配合理元素

（4）【多选】下述Photoshop功能的说法中，正确的有（   ）。

A. 使用滤镜库可以调整色彩、饱和度、曲线等

B. 图框工具既可以在已有的图片上绘制图框，也可以在没有图片时绘制图框

C. 画板可以随时调整宽度、高度和位置

D. 制作网页时，可以直接使用"移动设备"选项卡中的"网页-大尺寸"预设选项新建文件

3. 操作题

（1）为"DEWEY"旅行网设计首页，该首页包含导航栏、Banner、相关板块、页尾4个部分，采用顶部Banner+栅格布局，参考效果如图5-67所示。

图5-67   旅行网首页参考效果

图5-67　旅行网首页参考效果（续）

（2）制作"DEWEY"旅行网内页，在设计时对"三亚"进行介绍，部分参考效果如图5-68所示。

图5-68　旅行网内页参考效果（部分）

（3）某医疗健康企业需要在官网中新增一个介绍无菌转运负压隔离舱产品的页面，要求包括产品介绍、工作原理、产品优势、应用场景4个模块，需使用即时AI设计界面以作布局、版式方面的参考，参考效果如图5-69所示。

图5-69　医疗健康网页参考效果

Ps

第  章

App 界面设计

App 是 Application（应用程序）的缩写，一般是指在手机、平板计算机等移动设备中安装的第三方应用程序。这些应用程序不仅提供了便捷的服务，还极大地丰富了人们的生活体验。App 界面是指应用程序中使用的界面，设计合理的 App 界面不但能延长用户使用 App 的时间，还能提升用户对产品的好感度，保证App 在激烈的市场竞争中处于优势地位。

学习目标

▶ **知识目标**

◎ 了解 App 界面的组成、常见类型和设计要求。
◎ 掌握 App 界面的尺寸规范和标注规范。

▶ **技能目标**

◎ 能够使用 Photoshop 进行 App 界面设计。
◎ 能够借助 AI 工具设计不同的 App 界面。

▶ **素养目标**

◎ 具备良好的视觉审美，以创造出美观且富有吸引力的 App 界面。
◎ 传承和弘扬节气文化，增强文化自信。

学习引导

STEP 1 相关知识学习　　　　　　　建议学时：__2__学时

课前预习	1. 扫码了解网页和App界面的关系 2. 上网搜索并赏析热门企业的App界面，分析其优缺点
课堂讲解	1. App界面的组成和常见类型 2. App界面的设计要求 3. App界面的尺寸规范和标注规范
重点与难点	1. 学习重点：App中各个页面的设计方法 2. 学习难点：App界面的尺寸规范

课前预习

STEP 2 案例实践操作　　　　　　　建议学时：__3__学时

| 实战案例 | 1. 设计教育App启动页
2. 设计教育App首页
3. 设计教育App其他页面 | 操作要点 | 1. "时间轴"面板
2. 魔棒工具、橡皮擦工具
3. PxCook的应用 |

案例欣赏

STEP 3 技能巩固与提升　　　　　　　建议学时：__4__学时

拓展训练	1. 设计读书App启动页 2. 设计家居App首页
AI 辅助设计	1. 使用Pixso设计音乐App界面 2. 使用墨刀设计食堂App取餐界面
课后练习	通过练习题巩固行业知识和软件操作，提升设计能力和实操能力

6.1 行业知识：App界面设计基础

　　App界面是一种常见的UI设计界面类型，主要用于展现App的内容。App界面设计也是一个快速发展的领域，它融合了视觉设计、用户体验设计、人机交互等多方面的知识和技能，其设计要在保证流畅的操作体验的同时，满足用户的审美需求。

6.1.1 App界面的组成

图6-1　App界面的组成

　　App界面一般由状态栏、导航栏、内容区域和标签栏组成，如图6-1所示，每个区域放置内容皆不同。

- **状态栏**。状态栏位于界面顶端，用于显示手机当前运营商、时间、信号和电量等信息。
- **导航栏**。导航栏位置不固定，用于告知用户当前所处的界面，也提供切换到其他界面的功能。
- **内容区域**。内容区域是界面占比面积最多的区域，用于放置该界面的主要内容。
- **标签栏**。标签栏用于切换界面中的显示内容。

⚡ 设计大讲堂

　　设计人员在进行App界面设计时，状态栏并不是必须制作的元素，但需要预留出状态栏的位置，便于在后期应用界面效果图时显示状态。在设计时可通过添加素材的方式，将状态栏体现出来。

6.1.2 App界面常见的类型

　　App界面因作用和需求的不同，可分为启动页、引导页、首页、个人中心页、空白页和注册/登录页等常见类型，设计人员在设计时应把握页面的实际使用需求，灵活选择类型。

- **启动页**。启动页又称为闪屏页，是用户点击App图标后出现的第一个页面，出现时间通常只有5s。启动页根据呈现的内容又可以分为3种类型：①品牌宣传型，常用结构为Logo＋软件名称＋宣传语，如图6-2所示；②活动推广型，常用结构为插画（占70%面积）＋活动主题＋活动时间，或者只用全屏海报，如图6-3所示；③节日关怀型，常用结构为Logo＋节日插画，如图6-4所示。
- **引导页**。引导页是用户第一次使用或更新App后，出现的由3～5张图片组成的界面，用于帮助用户快速了解App的主要价值、功能或更新的新增内容等，起到引导作用。

引导页根据呈现的内容可以分为功能介绍型、情感代入型和搞笑型，图6-5所示为功能介绍型引导页。

图6-2　品牌宣传型　　图6-3　活动推广型　　　图6-4　节日关怀型　　图6-5　功能介绍型
　　　　启动页　　　　　　　　启动页　　　　　　　　启动页　　　　　　　　引导页

- 首页。首页又称为起始页，是用户开始正式使用App的第一页，用于展示App的主要内容，帮助用户了解App，如图6-6所示。
- 个人中心页。个人中心页又称"我的"页面，是承载用户个人资料的页面，主要由用户头像和用户信息组成，如图6-7所示。
- 空白页。空白页是由于网络、信号等问题产生的错误提示页，如图6-8所示。
- 注册/登录页。注册/登录页是App的必备页面，用于注册或登录个人账户，成为App正式用户，使用App的主要功能，如图6-9所示。

图6-6　首页　　　　　图6-7　个人中心页　　　　图6-8　空白页　　　　图6-9　注册/登录页

6.1.3 App界面的设计要求

设计人员在进行App界面设计时，需要明确传达App主旨，保证功能的合理性，并在清晰地展现信息层级的同时具备美观性，这样才能够更高效地传递信息。

- **明确传达主旨**。优秀的App界面首先要能够明确传达App的主旨，即App的主要功能。App界面是一个完整的整体，设计时整个内容必须由内而外地统一、协调。所以，色彩、图案、形态、布局等应与App的功能和主题相呼应，使界面中的每一个部分都能明确传达出App的主旨。
- **保证功能的合理性**。在进行App界面设计时，需要考虑App的使用特点，保证App功能的合理性。因此，在设计App界面时应尽量减少按钮数量，使用户操作更加方便、流畅，以提升使用效率，保证用户能获得良好的使用体验。
- **清晰地展现信息层级**。App界面设计可根据内容的主次，将信息区分为不同的信息层级，当用户点击某层级信息时，将自动跳转到对应层级中，方便用户查看。在设计App界面时，层级不要过多，因为App使用环境需要用户集中注意力，并在较短的时间内聚集核心信息，如果层级过多，会降低信息传达效率。
- **具备美观性**。优秀的App界面不但内容要表达明确，而且要具备美观性，只有具有吸引力的App界面才能吸引更多人浏览和使用。在设计时可通过图像、形状和颜色的合理搭配来提升整个App界面的美观性。

6.1.4 App界面的尺寸规范

App界面尺寸依据不同系统有不同规范，在日常生活中，常用的操作系统有iOS、Android、Harmony（鸿蒙）。

1. 苹果操作系统尺寸规范

iOS是由苹果公司开发的移动端操作系统，屏幕单位是PPI，尺寸通常以iPhone的各个型号为基准，以分辨率为"640像素×1136像素""750像素×1334像素""1242像素×2208像素""1125像素×2436像素"的尺寸来设计，其他型号的设计尺寸可依据通用尺寸向上或向下适配，如图6-10所示。

图6-10　iOS 操作系统尺寸规范

2. Android 操作系统尺寸规范

Android操作系统是一种基于Linux内核（不包含GNU组件）的自由及开放源代码的操作系统，主要应用于移动设备中，屏幕单位是dp。在设计Android屏幕尺寸时，通常采用"720像素×1280像素"和"1080像素×1920像素"的屏幕尺寸。

3. Harmony操作系统尺寸规范

Harmony操作系统是华为公司推出的一款面向全场景的分布式操作系统，支持多种设备，包括手机、平板计算机、智能穿戴设备、智慧屏、车机等。随着Harmony操作系统的不断发展，越来越多的开发者开始关注并投入Harmony应用的开发中。

Android操作系统的屏幕单位是vp。在设计Harmony界面时通常采用360vp×640vp（即720像素×1280像素）的尺寸。

6.1.5 App界面的标注规范

在进行App界面标注时，除了需要掌握标注的内容外，还需要掌握标注的规范。App界面的标注规范主要从标注色、标注方式来体现。

- 标注色。在进行App界面标注时，标注文字所用的颜色应该与所设计的界面颜色区分开，必要时可通过描边的方式进行内容的区分。
- 标注方式。在进行App界面标注时，要注意标注方式，整洁的标注不但视觉效果更好，而且便于程序员查找标注信息。在进行标注设计时，可将标注分为两部分，一部分用来标注整体内容，另一部分用来标注细节，这样更加便于他人识别。图6-11所示的界面将标注分为两个部分，左侧部分标注整体内容，右侧部分标注具体的细节，因此整体的标注效果更好。

设计大讲堂

设计人员在进行App界面标注前，还需要了解App界面标注的常用工具，如Sketch Measure、PxCook、Cutterman、摹客、MarkMan等。

（1）Sketch Measure是一款自动标注、切图插件，具有智能识别的功能，能快速识别PSD文件的文字、颜色、距离。它的优点在于能将标注、切图这两项功能集成在一个软件内完成，支持Windows和macOS操作系统。

（2）PxCook是一款切图设计工具，支持设置长度、颜色、区域、文字注释等。

（3）Cutterman是一款运行在Photoshop中的插件，该插件能够自动输出图片，而且支持各种尺寸、格式的图片输出，方便用户在iOS、Android等操作系统中使用。

（4）摹客是一款智能标注和切图工具，具有智能标注、百分比标注、图钉批注等功能。另外，摹客还支持不同类型文件的上传共享，并支持多种产品文档的在线预览。

（5）MarkMan是一款高效的设计稿标注、测量工具，具有长度标记、坐标标记、色值标记、文字标记、长度自动测量、拖曳删除标记等功能，支持PSD、PNG、BMP、JPG等多种格式的文件。

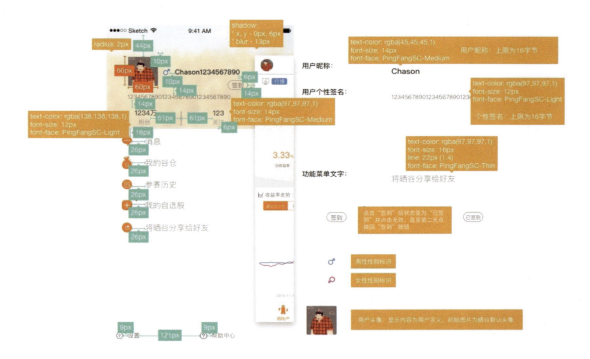

图6-11　App界面标注效果

6.2　实战案例：设计教育App启动页

案例背景

求知教育英才培训公司（简称求知教育）为了满足现代学习者随时随地进行学习的需求，决定紧跟时代步伐，打造一款集在线学习、互动交流、智能管理于一体的教育App，并先设计启动页，具体要求如下。

（1）整体风格应简洁、大气，符合"教育"主题。

（2）色彩搭配应舒适、合理，能提供较佳的学习体验。

（3）突出求知教育的宣传语和标志。

（4）为文字制作动画，提升启动页的吸引力。

设计思路

（1）色彩设计。选择简约、清新的风格，以较为清新的蓝色为主色，搭配白色，营造丰富、有层次感又和谐的色彩效果。

（2）字体规范。选择"思源黑体 CN"为App界面主要字体，方便用户识别。加粗处理标题及重要文字信息，或使用主色进行强调。

（3）界面布局。采用对称布局方式，整个启动页和文字按照一条中轴线进行排列，整体直观、便于识别。本例界面设计的原型图如图6-12所示。

（4）动画创意。采用动画的形式对"解答"图标添加动效，使整个启动页更具有动感，以提升吸引力。

本例参考效果如图6-13所示。

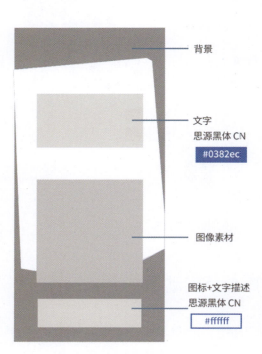

图6-12　启动页原型图　　　　　　图6-13　启动页参考效果

操作要点

（1）运用椭圆工具、矩形工具制作图像。

（2）运用横排文字工具输入文字。

（3）运用时间轴制作动画。

操作要点详解

6.2.1　设计启动页背景

在设计启动页背景时，先绘制颜色丰富的背景图，然后绘制圆、圆角矩形提升背景的层次感，再绘制矩形将背景分为两个板块，方便后续放置界面内容，具体操作如下。

微课视频

设计启动页背景

（1）按【Ctrl+N】组合键打开"新建文档"对话框，在"移动设备"选项卡中，选择"iPhone X"选项，单击 创建 按钮。

（2）新建图层，设置前景色为"#888cd8"，按【Alt+Delete】组合键填充前景色。将前景色设置为"#cad2f7"，选择"画笔工具" ，设置"画笔样式"为"柔边圆"，调整画笔大小，然后在图像编辑区中不断单击，形成不同颜色的叠加效果，如图6-14所示。

（3）选择"椭圆工具" ，在工具属性栏中设置"填充"为"#2a3686~#3649a4~#4c5eb4"，然后在图像编辑区的上方绘制大小为"1610像素×1610像素"的圆，设置圆图层的"不透明度"和"填充"分别为"57%"和"50%"，如图6-15所示。

（4）双击圆右侧的空白区，打开"图层样式"对话框，勾选"斜面和浮雕"复选框，设置"高光模式"为"滤色"，"颜色"为"#ffffff"，"阴影模式"为"线性光"，"颜色"为"#dedede"，"不透明度"均为"50%"。勾选"内发光"复选框，设置"不透明度"为"39%"，"颜色"为"#bcbcbc"，"大小"为"183像素"。

（5）勾选"阴影"复选框，设置"不透明度"为"70%"，"颜色"为"#9eadf5"，"大小"为"77像素"，单击 确定 按钮，效果如图6-16所示。

（6）添加"网格.png"素材文件，设置图层"混合模式"为"颜色加深"，效果如图6-17所示。

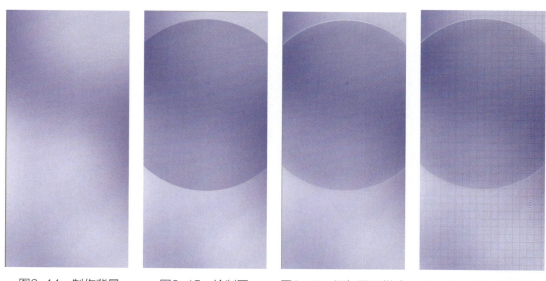

图6-14　制作背景　　　　图6-15　绘制圆　　　　图6-16　添加图层样式　　　图6-17　添加网格素材

（7）单击"创建新的填充或调整图层"按钮 ，在打开的下拉列表中选择"色相/饱和度"选项，打开"色相/饱和度"调整面板，设置"饱和度"为"+55"，提升背景的饱和度，效果如图6-18所示。

操作小贴士

在调整颜色时，可通过调整图层来进行。选择【图层】/【新建调整图层】命令，在打开的子菜单中可选择对应的调整命令，打开"新建图层"对话框，单击 确定 按钮，在打开的调整对话框中可进行颜色的调整操作。

（8）选择"矩形工具" ，在工具属性栏中设置"填充"为"#0480ff~#0f92ff"，"圆角半径"为"50像素"，在图像顶部绘制大小为"1145像素×2135像素"的圆角矩形，并将圆角矩形倾斜显示，如图6-19所示。

（9）选择"矩形工具" □ ，设置"填充"为"#f4fafa~#eafbfb"，在圆角矩形的上方绘制大小为"1100像素×2050像素"的圆角矩形，并将圆角矩形倾斜显示，如图6-20所示。

（10）选择"钢笔工具" ø ，在图像的下方绘制带弧度的形状，并设置"填充"为"#4465ff~#e1e6ff"，完成背景的制作，如图6-21所示。

图6-18　调整颜色　　图6-19　绘制圆角矩形1　图6-20　绘制圆角矩形2　图6-21　绘制底部形状

6.2.2 设计启动页内容

　　启动页的内容主要包括文字、图形和标志。在设计内容时，先输入广告文字，再添加图形和图标，以提高美观度，最后制作跳转按钮，具体操作如下。

（1）选择"横排文字工具" T ，设置"字体"为"思源黑体 CN"，"字体样式"为"Heavy"，"文本颜色"为"#0382ec"，在圆角矩形的上方输入"都来学习吧!"，调整文字的大小、位置，效果如图6-22所示。

（2）新建图层，将前景色设置为"#6f8bf6"，选择"画笔工具" ✐ ，设置"画笔样式"为"柔边圆"，调整画笔大小，在文字上方单击，形成不同颜色的形状，按【Alt+Ctrl+G】组合键创建剪贴蒙版，如图6-23所示。

（3）选择"横排文字工具" T ，设置"字体"为"思源黑体 CN"，"字体样式"为"ExtraLight"，"文本颜色"为"#000000"，在文字的下方输入文字，调整文字的大小、位置，效果如图6-24所示。

（4）选择"椭圆工具" ○ ，在工具属性栏中设置"填充"为"#928df4~#4c6bff"，在文字的右侧绘制大小为"360像素×360像素"的圆，如图6-25所示。

图6-22 输入文字1   图6-23 创建剪贴蒙版   图6-24 输入文字2   图6-25 绘制圆

（5）复制圆，选择"椭圆工具" ⬭，在工具属性栏中取消填充，设置"描边颜色"为"#6f8bf6~#a4b7ff"，"描边宽度"为"17点"。

（6）双击复制圆右侧的空白区域，打开"图层样式"对话框，勾选"投影"复选框，设置"颜色"为"#4988bd"，"距离"为"17像素"，"大小"为"21像素"，单击 确定 按钮。

（7）选择"横排文字工具" T.，设置"字体"为"思源黑体 CN"，"文本颜色"为"#ffffff"，输入"解答"，调整文字的大小、位置，效果如图6-26所示。

（8）打开"素材1.png""素材2.png"素材文件，将其拖曳到图像中，调整大小、位置，效果如图6-27所示。

（9）选择"横排文字工具" T.，设置"字体"为"思源黑体 CN"，"文本颜色"为"#ffffff"，输入文字，调整文字的大小、位置，效果如图6-28所示。

（10）选择"矩形工具" ▭，在工具属性栏中设置"填充"为"#ffffff"，"圆角半径"为"30像素"，在图像顶部绘制大小为"200像素×70像素"的矩形。

（11）选择"横排文字工具" T.，设置"字体"为"思源黑体 CN"，"文本颜色"为"#5f5c5c"，在圆角矩形的上方输入"跳过"，调整文字的大小、位置，完成启动页的制作，如图6-29所示。

图6-26 输入文字3   图6-27 添加素材   图6-28 输入底部文字   图6-29 输入文字4

6.2.3 设计启动页动画

为了让启动页更加有特色，可添加动画，这里对"解答"图标制作移动效果，并通过依次展现素材和文字的方式，让整个启动页"动"起来。要实现这些效果需通过"时间轴"面板来完成，具体操作如下。

（1）为了避免后期调整启动页内容，可先额外复制一份启动页文件，并将复制文件名称修改为"启动页动画"。

（2）打开"启动页动画"图像文件，栅格化所有图层，将背景的所有图层合成为一个完整的图层，然后分别对"解答"图标、剪贴蒙版、文字、按钮等内容对应的图层进行合成并重命名，方便后期制作动画，如图6-30所示。

（3）选择【窗口】/【时间轴】命令，打开"时间轴"面板，单击 按钮，在打开的下拉列表中选择"创建帧动画"选项，如图6-31所示。

（4）此时"时间轴"面板中只显示了起始的第1帧，在"图层"面板中显示"背景""文字1""文字2"图层，表示在第1帧中只显示这些图层效果，如图6-32所示。

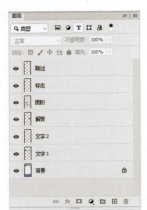

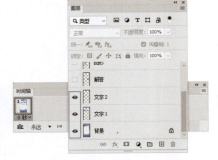

图6-30　重命名图层　　　　　图6-31　选择时间轴　　　　　图6-32　调整第1帧内容

> **操作小贴士**
>
> 在"时间轴"面板上可以创建视频时间轴和帧动画两种动画类型。视频时间轴的整个动画是一个整体连贯的图层或智能对象，可以对其进行裁剪、关闭音频等操作，多用于较为复杂的视频编辑。帧动画相当于把整个连贯的动作拆分成单一的慢动作回放图层，可以单独操作每个图层，设置每帧时长，其操作相对简单。需注意，两种形式也可以相互转换。

（5）在"时间轴"面板中，单击"复制所选帧"按钮 ，选择复制后的帧，单击其下方的下拉按钮 ，在打开的下拉列表中选择"0.5"选项，打开"图层"面板，在其中显示"图形"图层，如图6-33所示，表示在该帧中除了前面显示的图像效果外，还增加了新选择的"图形"图层中的图像效果。

（6）单击"复制所选帧"按钮 ，选择复制后的帧，打开"图层"面板，在其中显示"解答"图层，在图像编辑区中将该图层上的图形移动到图像的左下角，如图6-34所示。

（7）单击3次"复制所选帧"按钮 ⊞ ，依次在不同的帧中调整"解答"图标的位置，使其形成移动效果，如图6-35所示。

图6-33　复制并设置时间轴　图6-34　调整图标位置1　　图6-35　调整图标位置2

（8）在"时间轴"面板中，单击"复制所选帧"按钮 ⊞ ，选择复制后的帧，单击其下方的下拉按钮 ⌄ ，在打开的下拉列表中选择"1.0"选项，打开"图层"面板，在其中显示"标志"图层。

（9）在"时间轴"面板中，单击"复制所选帧"按钮 ⊞ ，选择复制后的帧，打开"图层"面板，在其中显示"跳过"图层。完成后在"时间轴"面板中单击 ▶ 按钮，可播放帧动画效果，如图6-36所示。

（10）为了避免动画在播放时，移动效果过于生硬，可在"时间轴"面板中，单击"过渡动画帧"按钮 ＼ ，打开"过渡"对话框，设置"要添加的帧数"为"3"，单击 确定 按钮，如图6-37所示。

图6-36　播放帧动画效果　　　　　　图6-37　添加过渡动画帧

（11）选择【文件】/【导出】/【导出为】命令，打开"导出为"对话框，设置"格式"为"GIF"，单击 导出 按钮，设置动画的保存位置后，单击 保存(S) 按钮，完成动画的导出，如图6-38所示，最后保存文件。

图6-38　导出动画

　　为启动页制作动画的方法有很多种，除了After Effects和Photoshop等专业软件可以用来制作精美的动画外，对于初学者或日常使用者来说，一些线上制作工具也是不错的选择，例如Pixso、Visme和动画制作大师等。这些工具操作简单，能帮助设计人员轻松完成启动页动画的制作。

6.3 实战案例：设计教育App首页

案例背景

　　求知教育App首页需全面地展现App特色，帮助用户了解其功能，引导用户使用，具体要求如下。

　　（1）首页应简洁、大气，符合现代审美趋势。

　　（2）色彩搭配应舒适，内容体现直观。

　　（3）采用分栏布局方式，分别展示App的类目和教育方式，布局合理、清晰。

💡 **设计思路**

（1）色彩设计。以蓝色为主色，搭配黄色、橙色、绿色等，营造丰富、有层次感的色彩效果。

（2）字体规范。选择"思源黑体 CN"为App界面主要字体，保持界面间的统一性。通过设置不同文字颜色体现重要文字信息，方便识别。

（3）界面布局。首页采用分栏布局方式，上方为状态栏和导航栏，中间为Banner和列表，中下方为各个内容板块，底部为标签栏。本例界面设计的原型图如图6-39所示。

本例参考效果如图6-40所示。

图6-39　首页原型图

图6-40　首页参考效果

📋 **操作要点**

（1）运用魔棒工具抠取图像。

（2）输入文字并绘制图形。

（3）运用PxCook标注首页。

操作要点详解

6.3.1　设计状态栏和导航栏

设计首页前，可使用参考线划分内容区域，便于后续制作。设计时，由于状态栏属于手机自带的显示区，无须专门设计，直接使用提供的素材占据位置即可，导航栏只需绘制图形和添加文字，具体操作如下。

微课视频

设计状态栏和导航栏

（1）按【Ctrl+N】组合键打开"新建文档"对话框，在"移动设备"选项卡中，选择"iPhone X"选项，勾选"画板"复选框，单击 创建 按钮。

（2）按【Ctrl+R】组合键打开标尺，根据图6-41所示尺寸效果添加参考线，该参考线主要用于确认各内容的位置。

图6-41　标尺和尺寸效果

（3）选择"矩形工具" ，在顶部绘制一个大小为"1130像素×750像素"的矩形，设置"填充"为"#54a4ff~#1473e8"。打开"状态栏.png"素材文件，将其拖曳到状态栏区域，调整大小和位置，如图6-42所示。

（4）选择"矩形工具" ，设置"填充"为"#ffffff"，"圆角半径"为"30像素"，在导航栏区域的上方绘制一个大小为"926像素×80像素"的圆角矩形，并设置不透明度为"20%"，效果如图6-43所示。

图6-42　添加状态栏

图6-43　绘制圆角矩形

（5）使用"椭圆工具" 和"矩形工具" 绘制放大镜图标，并栅格化完成后的放大镜图标。打开"属性"面板，设置"W"为"64像素"，选择"矩形工具" ，设置"填充"为"#ffffff"，绘制大小为"2像素×40像素"的竖线，并在竖线右侧输入"输入搜索你想了解的"，设置"字体"为"思源黑体 CN"，调整文字的大小和位置，效果如图6-44所示。

（6）选择"矩形工具" ，设置"描边颜色"为"#ffffff"，"描边宽度"为"2点"，绘制大小为"64像素×64像素"的矩形。单击"图层蒙版"按钮 ，设置前景色为"#000000"，选择"矩形选框工具" ，在矩形的中间部分绘制选框并填充颜色，使其形成二维码外框效果，然后使用"矩形工具" 在矩形的中间区域绘制矩形，完成扫码图标的制作，效果如图6-45所示。

图6-44　添加搜索图标和文字

图6-45　绘制扫码图标

6.3.2　设计内容区域

内容区域主要分为3个部分，顶部为Banner区域，用于明确App定位为"AI智能题库"；

其下方为App的功能分类列表，该分类列表主要通过图标的方式体现；分类列表下方展示常用板块。其具体操作如下。

微课视频

设计内容区域

（1）打开"素材1.jpg"素材文件，选择"魔棒工具" ，在工具属性栏中单击"添加到选区"按钮 ，然后在背景区域单击，以创建选区，若选区未能全部选择整个背景，可再次在未选择区域单击。按【Ctrl+Shift+I】组合键反向选区，以选择图像区域抠取素材，如图6-46所示。

（2）使用"移动工具" ，选择并移动图像选区到首页文件中，调整大小、位置，效果如图6-47所示。

（3）选择"横排文字工具" ，输入文字，设置"字体"为"思源黑体 CN"，"AI智能"文字的"文本颜色"为"#f9b91d"，其他文字的"文本颜色"为"#ffffff"，调整文字的大小和位置，如图6-48所示。

图6-46　抠取素材　　　　　图6-47　添加素材　　　　　图6-48　输入文字1

（4）双击"AI智能题库 助你轻松好学习"文字右侧的空白区域，打开"图层样式"对话框，勾选"投影"复选框，设置"颜色"为"#002550"，"不透明度"为"35%"，"距离"为"2像素"，"大小"为"8像素"，单击 确定 按钮，效果如图6-49所示。

（5）选择"矩形工具" ，设置"填充"为"#ffa200~#ffc346"，"圆角半径"为"21像素"，在文字下方绘制大小为"285像素×65像素"的圆角矩形。使用"横排文字工具" ，在圆角矩形的上方输入"了解详情"，调整文字的大小和位置，效果如图6-50所示。

（6）在矩形图层的上方新建图层，选择"钢笔工具" ，在"了解详情"文字的左下角绘制路径，将路径转换为选区，选择"渐变工具" ，设置"填充"为"#c5accb~#fbe86a~#63fced"，从左到右拖曳填充渐变颜色，按【Alt+Ctrl+G】组合键创建剪贴蒙版，完成Banner区域的制作，效果如图6-51所示。

图6-49　添加投影图层样式1　　　图6-50　添加文字　　　　图6-51　Banner区域效果

（7）选择"矩形工具" ，设置"填充"为"#ffffff"，"圆角半径"为"20像素"，在Banner的下方绘制大小为"970像素×250像素"的圆角矩形。

（8）双击圆角矩形图层右侧的空白区域，打开"图层样式"对话框，勾选"投影"复选框，设置"颜色"为"#0a6ade"，"不透明度"为"20%"，"距离"为"0像素"，"大小"为"35像素"，单击 确定 按钮，效果如图6-52所示。

（9）选择"矩形工具" ，设置"填充"为"#ff9966~#ff5e62"，"圆角半径"为"40像素"，在矩形上方绘制大小为"104像素×104像素"的圆角矩形。双击该圆角矩形图层右侧的空白区域，打开"图层样式"对话框，勾选"投影"复选框，设置"颜色"为"#f9312f"，"不透明度"为"50%"，"距离"为"7像素"，"扩展"为"15%"，"大小"为"22像素"，单击 确定 按钮，效果如图6-53所示。

（10）选择步骤（9）绘制的圆角矩形，按住【Alt】键不放并向右拖曳复制4个圆角矩形，依次修改圆角矩形的颜色，效果如图6-54所示。

图6-52 添加投影图层样式2　　图6-53 添加投影图层样式3　　图6-54 复制与编辑圆角矩形

（11）打开"素材2.png"素材文件，将其中的图标拖曳到圆角矩形的上方，调整大小、位置；选择"横排文字工具" ，设置"字体"为"思源黑体 CN"，调整文字的大小、位置和颜色，输入图6-55所示的文字。

（12）选择"矩形工具" ，设置"圆角半径"为"10像素"，分别绘制大小为"500像素×520像素""510像素×250像素""510像素×250像素"的圆角矩形，并分别填充"#fdf4e9""#dce3fa ~ #dae2fb""#e8fafe ~ #dff3fc"颜色，效果如图6-56所示。

（13）打开"素材3.png""素材4.png""素材5.png"素材文件，依次将其拖曳到步骤（12）绘制的圆角矩形的上方，调整大小、位置，并对图片创建剪贴蒙版，效果如图6-57所示。

（14）使用"横排文字工具" 输入文字，调整文字大小、位置和颜色，效果如图6-58所示。

（15）选择"矩形工具" ，设置"填充"为"#54a4ff~#1473e8"，"圆角半径"为"30像素"，在图像下方绘制大小为"1050像素×500像素"的圆角矩形。打开"素材6.png""素材7.png"素材文件，将其分别拖曳到圆角矩形的上方，调整大小、位置，如图6-59所示。

（16）使用"横排文字工具" 输入文字，调整文字大小、位置和颜色，完成内容区域的制作，效果如图6-60所示。

图6-55　添加素材并输入文字　　　　图6-56　绘制圆角矩形　　　　图6-57　创建剪贴蒙版

图6-58　输入文字2　　　　图6-59　绘制圆角矩形并添加素材　　　　图6-60　输入文字3

6.3.3　设计标签栏

　　设计标签栏时，可先绘制矩形用作底纹，然后在其上方添加标签按钮，并输入标签文字，具体操作如下。

　　（1）选择"矩形工具"，设置"填充"为"#effafd"，在图像的下方绘制大小为"1129像素×248像素"的矩形。双击矩形图层右侧的空白区域，

微课视频

设计标签栏

打开"图层样式"对话框，勾选"投影"复选框，设置"颜色"为"#00306b"，"不透明度"为"20%"，"距离"为"0像素"，"扩展"为"0%"，"大小"为"12像素"，单击 确定 按钮，效果如图6-61所示。

（2）打开"素材8.psd"素材，将其中的图标依次拖曳到矩形的上方，调整大小、位置，效果如图6-62所示。

（3）使用"横排文字工具" T 输入文字，设置"字体"为"思源黑体 CN"，调整文字的大小、位置和颜色，完成标签栏的制作，效果如图6-63所示。

图6-61　绘制矩形并添加投影图层样式　　图6-62　添加图标　　　　图6-63　输入文字

6.3.4 标注App首页

完成App首页的设计后，可使用PxCook进行标注，不仅要标注出尺寸、文字、间距、颜色等内容，还应具备完整性和美观性，具体操作如下。

（1）启动PxCook，打开PxCook界面，单击 +创建项目 按钮，打开"创建项目"对话框，在文本框中输入"App首页"，然后在下方选择"Android"选项，单击 创建本地项目 按钮，如图6-64所示。

（2）将"App首页.psd"素材文件拖曳到PxCook界面中，双击首页使其呈编辑状态，选择"抓手工具" 🖐️，滑动鼠标中间的滚轮，放大图像便于后期操作，如图6-65所示。

图6-64　新建项目　　　　　　　　　　　图6-65　放大图像

（3）选择"智能标注" 💡，选择导航栏的圆角矩形，在工具属性栏中勾选"单位""描边"

复选框，设置"标注字号"为"30"，选择"生成尺寸标注" ，可看到圆角矩形的外侧已经生成标注，接着将生成的标注向上拖曳，调整标注与圆角矩形的间距，如图6-66所示。

（4）选择"智能标注" ，选择扫码图标，选择"生成尺寸标注" ，将自动生成扫码图标的尺寸标注，如图6-67所示。

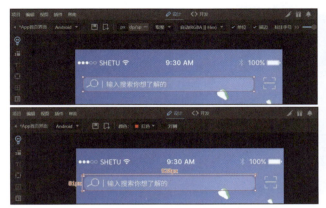

图6-66　生成圆角矩形的尺寸标注

图6-67　生成扫码图标的尺寸标注

（5）选择"智能标注" ，选择"输入搜索你想了解的"文字，选择"生成文本样式标注" ，可发现文字的右侧已生成文字标注。然后在工具属性栏的"颜色"下拉列表框中选择"紫色"选项，并勾选"字体名""字号""颜色""对齐"复选框，丰富标注的信息。调整标注的位置，使其更加便于查看，效果如图6-68所示。

（6）选择"距离标注" ，在工具属性栏的"颜色"下拉列表框中选择"绿色"选项，在扫码图标右侧向右拖曳鼠标指针，生成距离标注，如图6-69所示。

图6-68　生成文字标注1

图6-69　生成距离标注1

（7）使用与步骤（6）相同的方法，生成导航其他位置的距离标注，如图6-70所示。若标注与标注间存在重叠，可调整标注位置使标注内容更加便于识别。

（8）选择"智能标注" ，选择"AI智能题库 助你轻松好学习"文字，选择"生成文本样式标注" ，可发现文字的右侧已生成文字标注。然后在工具属性栏的"颜色"下拉列表框中选择"紫色"选项。使用相同的方法标注下方的文字，效果如图6-71所示。

图6-70　生成距离标注2

图6-71　生成文字标注2

（9）选择"智能标注" 🔆，选择"了解详情"按钮，选择"生成区域标注" 🔲，在工具属性栏的"轮廓"下拉列表框中选择"红色"选项，"填充"下拉列表框中选择"绿色"选项，再选择"矢量图形样式" 🔲，生成圆角标注，在"工具栏属性"的"颜色"下拉列表框中选择"红色"选项，效果如图6-72所示。

（10）选择"距离标注" 📏，在工具属性栏的"颜色"下拉列表框中选择"绿色"选项，为界面下方的图标和形状生成距离标注，效果如图6-73所示。

图6-72　生成区域标注1

图6-73　生成距离标注3

（11）选择"智能标注" 🔆，选择"在线阅读"按钮，选择"生成区域标注" 🔲，在工具属性栏的"颜色"下拉列表框中选择"红色"选项，生成圆角标注。

（12）选择"生成文本样式标注" 🔖，对图标下方的文字生成文字标注。然后在工具属性栏的"颜色"下拉列表框中选择"紫色"选项，效果如图6-74所示。

（13）选择"智能标注" 🔆，选择"精品课堂"板块，选择"生成区域标注" 🔲，在工具属性栏的"颜色"下拉列表框中选择"绿色"选项，再选择"矢量图层样式" 🔲，在"工具栏属性"的"颜色"下拉列表框中选择"红色"选项，生成圆角标注。使用相同的方法生成其他两板块的区域标注，效果如图6-75所示。

（14）继续使用相同的方法对"在线辅导"中的内容和标签栏中的图标进行标注，并为对应文字添加文字标注，完成后的效果如图6-76所示。

（15）按【Ctrl+S】组合键，打开"保存pxcp标注项目文件"对话框，设置文件保存的名称，并单击 保存(S) 按钮。

（16）按【Ctrl+T】组合键，打开"导出PNG格式标注图"对话框，设置文件保存的名称，并单击 保存(S) 按钮，完成后的效果如图6-77所示。

図6-74　生成文字标注3　　　　　　図6-75　生成区域标注2

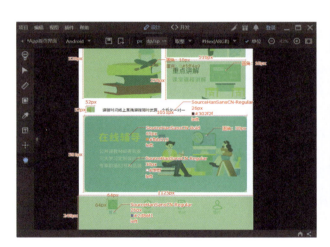

图6-76　生成其余标注　　　　　　图6-77　首页标注效果

6.4　实战案例：设计教育App其他页面

案例背景

随着求知教育App首页的制作完成，求知教育准备开展后续的其他页面设计工作，包括登录页、个人中心页、视频播放页等，以更好地宣传品牌，具体要求如下。

（1）采用与首页相同的风格，视觉效果好。

（2）界面布局直观且易于识别，能凸显界面表达的内容。

💡 设计思路

（1）色彩风格。沿用首页的蓝色为主色，白色为辅助色，保持简约、清新的风格。

（2）字体规范。选择"思源黑体 CN"为App界面主要字体，新增"方正兰亭粗黑_GBK"字体方便用户识别。

（3）界面布局。登录页采用对称布局方式，上方为装饰图像，中间为登录部分按钮，下方为装饰形状，整体直观，方便用户快速登录；个人中心页采用左对齐布局方式，将人物形象、列表内容左对齐显示，方便查看；视频播放页采用对称布局方式，中间主要用于播放视频内容，其他部分则采用图标和文字的方式展示，甚至留白处理，更加方便用户识别。本例界面设计的原型图如图6-78所示。

本例参考效果如图6-79所示。

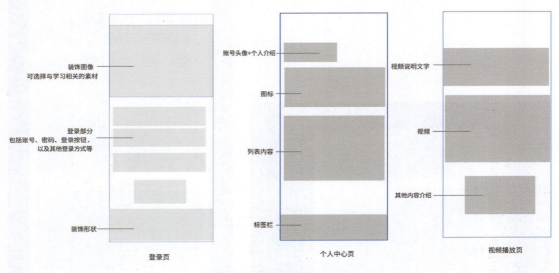

图6-78　其他页面的原型图

🖱 操作要点

操作要点详解

（1）运用橡皮擦工具擦除多余的图像。

（2）运用钢笔工具、矩形工具、直线工具、椭圆工具绘制形状。

（3）运用文字工具输入文字。

登录页　　　　　　　　　　　个人中心页　　　　　　　　　　视频播放页

图6-79　其他页面参考效果

6.4.1　设计登录页

在设计登录页时，沿用首页的色彩设计，并采用上图下文的方式展现内容，使整个界面简洁、美观，具体操作如下。

（1）按【Ctrl+N】组合键打开"新建文档"对话框，在"移动设备"选项卡中，选择"iPhone X"选项，单击 创建 按钮。

（2）选择"钢笔工具" ，在工具属性栏中设置"选择工具模式"为"形状"，"填充"为"#55bafe~#3072ff"，在图像编辑区顶部绘制带弧度的形状，如图6-80所示。

（3）选择绘制的形状，按【Ctrl+J】组合键复制图层，缩小形状，修改"填充"为"#ffffff"，设置"不透明度"为"20%"，如图6-81所示。

（4）选择白色形状，按【Ctrl+J】组合键再次复制，调整形状的大小和位置，如图6-82所示。

（5）打开"登录页素材.png"素材文件，将其拖曳到绘制形状的上方，调整大小和位置。

（6）选择素材图像，选择"橡皮擦工具"按钮 ，设置"画笔样式"为"柔边圆"，调整画笔大小，在素材图像的下方拖曳，以擦除下半部分，如图6-83所示。

（7）将"状态栏.png"素材文件拖曳到素材图像最上方，调整大小和位置。

（8）选择"矩形工具" ，在工具属性栏中设置"填充"为"#84b7ff"，"描边颜色"为"#83b5ff"，"圆角半径"为"48像素"，在图像的下方绘制3个大小为"910像素×150像素"

微课视频

设计登录页

的圆角矩形，如图6-84所示。

图6-80 绘制形状

图6-81 复制并编辑形状

图6-82 复制与调整形状

（9）设置上面两个圆角矩形的图层"填充"为"10%"，双击最下方圆角矩形所在图层右侧的空白区域，打开"图层样式"对话框，勾选"渐变叠加"复选框，设置"颜色"为"#55bafe~#3072ff"，"角度"为"-15度"。

（10）勾选"投影"复选框，设置"混合模式"的颜色为"#3f8fff"，其他参数如图6-85所示，单击 确定 按钮。

图6-83 擦除图像素材

图6-84 绘制圆角矩形

图6-85 设置图层样式

（11）打开"图标.psd"素材文件，将深蓝色图标依次拖曳到圆角矩形处，并调整大小和位置。

（12）选择"横排文字工具" T，输入文字，调整文字的大小、位置和颜色，效果如图6-86所示。

（13）在打开的"图标.psd"素材文件中，将微信、微博、QQ图标拖曳到圆角矩形下方，调整大小和位置，如图6-87所示。

（14）选择"钢笔工具" ，在工具属性栏中设置"选择工具模式"为"形状"，在图标的底部绘制两个带弧度的形状，设置图层"不透明度"为"20%"，如图6-88所示。完成后按【Ctrl+S】组合键保存文件，完成本例的制作。

图6-86 输入文字 　　　图6-87 添加其他图标 　　　图6-88 绘制并设置形状

6.4.2 设计个人中心页

设计App个人中心页时，要将个人信息、图标和重要内容体现出来，便于用户查看交易信息，并在界面下方展现App系统设置信息，帮助用户设置个人信息，具体操作如下。

微课视频

设计个人中心页

（1）按【Ctrl+N】组合键打开"新建文档"对话框，在"移动设备"选项卡中，选择"iPhone X"选项，单击 创建 按钮。

（2）选择"矩形工具" ◻，绘制大小为"1130像素×750像素"的矩形，并设置"填充"为"#54a4ff~#1473e8"，"角度"为"146°"。

（3）将"状态栏.png"素材文件拖曳到矩形最上方，调整大小和位置。

（4）选择"横排文字工具" T，设置"字体"为"思源黑体 CN"，输入文字，调整文字的大小、位置和颜色，效果如图6-89所示。

（5）选择"椭圆工具" ◯，在工具属性栏中设置"填充"为"#ffffff"，绘制大小为"185像素×185像素"的圆。

（6）打开"人物.png"素材文件，将其拖曳到圆上方，调整大小和位置，按【Ctrl+Alt+G】组合键创建剪贴蒙版，如图6-90所示。

（7）选择"矩形工具" ◻，设置"填充"为"#55bafe~#3072ff"，"圆角半径"为"20像素"，绘制大小为"1035像素×260像素"的圆角矩形。

（8）选择"矩形工具" ◻，设置"填充"为"#3a8ef5"，"圆角半径"为"30像素"，绘制大小为"250像素×70像素"的圆角矩形，按【Ctrl+Alt+G】组合键创建剪贴蒙版，如图6-91所示。

图6-89　输入文字　　　　图6-90　添加人物素材　　　　图6-91　创建剪贴蒙版

（9）选择"矩形工具" ▭，在工具属性栏中设置"填充"为"#ffffff"，"圆角半径"为"20像素"，在矩形下方绘制大小为"1040像素×310像素"的圆角矩形。

（10）双击白色圆角矩形图层右侧的空白区域，打开"图层样式"对话框，勾选"投影"复选框，分别设置"颜色""不透明度""距离""大小"为"#55bafe""40%""26像素""55像素"，单击 确定 按钮。

（11）打开"图标2.psd"素材文件，将图标素材拖曳到白色圆角矩形上方，调整大小和位置。

（12）选择"横排文字工具" T，输入文字，调整文字的大小和位置，并设置"文本颜色"为"#333333"，效果如图6-92所示。打开"图标3.psd"素材文件，将图标素材依次拖曳到文字下方，调整大小和位置，复制3次"形状1"图层，调整位置。

（13）选择"横排文字工具" T，在图标的右侧输入文字，调整文字的大小和位置，并设置"文本颜色"为"#333333"，效果如图6-93所示。

（14）打开"App首页.psd"图像文件，将底部的标签栏内容拖曳到个人中心页中。设置前景色与"首页"图标颜色相同，然后使用"魔棒工具" ✦选择"我的"图标轮廓，按【Alt+Delete】组合键填充前景色，使该图标颜色与"首页"图标颜色一致，再修改"首页"图标颜色使其与"设置"图标颜色相同，最后对文字颜色进行修改，完成个人中心页的制作，如图6-94所示。

图6-92　输入文字1　　　　图6-93　输入文字2　　　　图6-94　制作标签栏

6.4.3 设计视频播放页

在设计视频播放页时，先制作蓝色的背景，再设计视频标签、按钮，突出视频标题，并添加视频播放窗口素材，具体操作如下。

（1）按【Ctrl+N】组合键打开"新建文档"对话框，在"移动设备"选项卡中，选择"iPhone X"选项，单击 创建 按钮。

（2）设置前景色为"#388df4"，填充前景色。选择"钢笔工具" ，在工具属性栏中设置"选择工具模式"为"形状"，"填充"为"#f6faff~#3584fa"，"角度"为"-87°"，在图像的底部绘制带弧度的形状，在"图层"面板中，设置"填充"为"59%"。

（3）选择"钢笔工具" ，在图像的顶部绘制两个其他形状，在"图层"面板中，设置"填充"为"59%"，如图6-95所示。

（4）将"状态栏.png"素材文件拖曳到图像编辑区最上方，调整大小和位置。

（5）选择"矩形工具" ，在工具属性栏中设置"填充"为"#ffc941"，"描边颜色"为"#ffffff"，"描边宽度"为"2 像素"，"圆角半径"为"50像素"，绘制3个不同大小的圆角矩形，如图6-96所示。

（6）选择"横排文字工具" ，设置"字体"为"方正兰亭粗黑_GBK"，输入文字，调整文字的大小、位置和颜色。

（7）打开"视频.png""点击.png"素材文件，将素材文件分别拖曳到视频播放页中，调整大小和位置，完成后保存文件，如图6-97所示。

图6-95 制作背景　　　图6-96 绘制圆角矩形　　　图6-97 添加素材

6.5 拓展训练

实训 1　设计读书App启动页

实训要求

（1）诚悦读书App准备制作与夏至有关的启动页，用于迎接夏至节气，整体效果要符合节气特点。

（2）要求启动页尺寸为750像素×1624像素，以"荷花"为设计点，通过滤镜的处理，使效果更好。

操作思路

（1）打开素材，使用滤镜库中的玻璃、喷溅、成角的线条滤镜调整图像效果。

（2）输入文字，复制图像素材并制作成文字的剪贴蒙版。

（3）对"夏至"文字添加内阴影和投影图层样式。

（4）输入其他文字并添加图标，然后将"XIA　ZHI""夏至""图层1拷贝""SUMMER SOLSTICE"图层合并为一个图层，并重命名为"文字"；将"图层2""诚悦读书"图层进行合并，并重命名为"标志"。

（5）打开"时间轴"面板，创建帧动画。在"图层"面板中取消显示"文字""标志"图层。

（6）单击5次"复制所选帧"按钮 ⊞ ，通过在不同帧中调整"文字""标志"图层的位置实现动画效果，并设置每一帧的播放时间为"0.5"。

（7）导出动画，完成启动页的制作。

具体设计过程如图6-98所示。

①打开素材　　　　　②添加滤镜　　　　　③添加文字和图标　　　　　④制作动画

图6-98　读书App启动页设计过程

设计大讲堂

　　夏至是"二十四节气"中的第十个节气，民间自古以来有在此时庆祝丰收之俗，以祈求消灾年丰。在设计节气类启动页时，可使用一些与节气相关的元素作为设计点来体现节气特点，也可采用该节气才会出现的自然风光作为场景来体现节气信息，然后将提炼的节气设计点与App相关内容结合，便可完成节气类启动页设计。

实训 2　设计家居App首页

实训要求

　　（1）为梦想家家居App制作首页，其需符合家居主题，采用恰当的布局方式。

　　（2）首页尺寸为750像素×1624像素。

　　（3）视觉效果好，通过商品图片、图标、文字形式来展现首页内容。

　　（4）标注要具体、直观。

操作思路

　　（1）通过绘制不同的形状布局首页。

　　（2）添加图片素材和图标素材。

　　（3）输入文字，调整文字颜色增加美观度。

　　（4）启动PxCook，对图标、文字、位置、颜色等进行标注。

　　具体设计过程如图6-99所示。

①绘制不同的形状　　　②添加图片和图标　　　③输入文字　　　④进行标注

图6-99　家居App首页设计过程

6.6 AI辅助设计

Pixso 设计音乐App界面

Pixso是一款集原型设计、视觉设计与项目交付于一体的在线协作设计工具，适合产品经理、UI设计人员、运营人员、开发人员和管理人员等多角色使用。通过智能组件库，Pixso能简单、快速地助力设计人员进行设计，同时支持多人同时协作，无数量限制，提供多种文件格式导入和导出选项，确保设计人员在不同阶段都能高效工作。此外，Pixso还提供了AI绘画功能，为设计人员提供更多的设计支持和创意灵感。例如，使用Pixso设计音乐App界面。

使用方式：文生图

使用方式：文生图
关键词描述方式：作品类型+主题+风格+主题元素+色彩+其他细节
主要参数：模式、模型、尺寸

示例参数：模式为我的草稿/新建设计文件/文生图
比例：9：16
关键词：音乐App界面，UI设计，现代风格，直观、简洁，音乐元素，音波，旋律，画面明亮，渐变色，氛围感，光效，冷色调

示例效果：

墨刀 设计食堂App取餐界面

墨刀是一款在线原型设计与协同工具，支持App、网页、管理后台、可视化大屏、工业HMI（人机界面）、小程序、H5等多场景应用领域。借助墨刀，产品经理、设计人员、开发人员、销售人员、运营人员及创业者等用户群体能够轻松搭建产品原型，并直观演示项目效果。

墨刀同时也是协作平台，项目成员可以协作编辑、审阅，无论是产品想法展示，向客户收集产品反馈，向投资人进行Demo展示，还是在团队内部协作沟通、进行项目管理。例如，使用墨刀设计食堂App取餐界面。

使用方式：模板生成

使用方式：选择模板／修改模板内容
主要参数：智慧食堂模块、立即使用模板

示例参数：素材广场／App
选择模板：智慧食堂
示例效果：

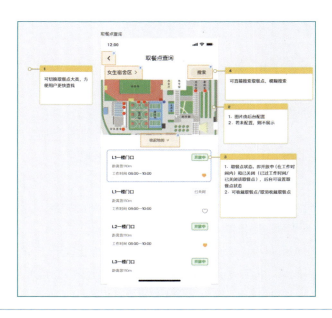

拓展训练

请运用墨刀中的模板功能，设计一组票务App界面，其模板要与票务服务相符，内容要能直观体现票务服务内容。

6.7 课后练习

1. 填空题

（1）App界面一般由_____、_____、_____和_____组成。

（2）启动页又称为_____，是用户点击App图标后出现的第一个页面。

（3）_____又称为起始页，是用户开始正式使用App的第一页。

（4）个人中心页主要由_____和_____组成。

2. 选择题

（1）【单选】启动页出现时间通常是（　　）。

A. 1s   B. 2s   C. 4s   D. 5s

（2）【单选】（　　）是由于网络、信号等问题产生的错误提示页。

A. 首页   B. 提示页   C. 空白页   D. 登录页

（3）【单选】品牌宣传型启动页的常用结构为（　　）。

A. Logo＋软件名称＋宣传语

B. 插画（占70%面积）＋活动主题＋活动时间

C. Logo＋节日插画

D. Logo＋活动主题

（4）【单选】Harmony操作系统的屏幕单位是（　　）。

A. px   B. vp   C. up   D. ap

（5）【多选】App界面设计中，常见的操作系统有（　　）。

A. iOS   B. Android   C. Harmony   D. 小米

（6）【多选】下列选项中，属于App界面设计要求的是（　　）。

A. 明确传达主旨   B. 保证功能的合理性

C. 清晰地展现信息层级   D. 具备美观性

3. 操作题

（1）设计梦想家家居App发现页，主要展示分享给消费者的内容。在设计时可先分析内容的类别，再根据类别进行界面设计，参考效果如图6-100所示。

（2）设计梦想家家居App商品详情页。在设计时要突显商品效果，并将用户所购买商品的价格、型号、颜色、购买数量、库存等体现出来，在界面下方还需要添加与购买操作相关的按钮，包括"立即购买""加入购物车"等按钮，参考效果如图6-101所示。

图6-100　家居App发现页参考效果　　　　　图6-101　家居App商品详情页参考效果

（3）请运用墨刀中的模板功能为窝蜗牛App设计界面，其模板要符合"装修"主题，内容要能直观体现装修信息，参考效果如图6-102所示。

图6-102　窝蜗牛App界面参考效果

Ps

第 **7** 章

软件界面设计

软件是为了实现某种特定功能而开发并运行在计算机上的程序。软件界面设计聚焦于软件的不同界面的功能布局、交互方式和用户体验等方面，可通过精心设计的色彩搭配和视觉元素，传达软件的风格和功能特色，增强用户对软件的认知度和忠诚度。优秀的软件界面设计能够使用户轻松理解并流畅操作，减少认知负担，提高软件使用效率。

学习目标

▶ **知识目标**

◎ 了解软件界面的组成。
◎ 了解软件界面常见的类型。

▶ **技能目标**

◎ 能够使用 Photoshop 进行软件界面的设计。
◎ 能够借助 AI 工具生成图表和软件界面。

▶ **素养目标**

◎ 具备出色的软件界面布局与设计能力，能够深入理解用户需求，并据此设计出既功能完备又美观易用的软件界面。
◎ 保持对新知识的好奇心，提升设计水平。

STEP 1　相关知识学习　　　　　　建议学时：＿＿1＿＿学时

课前预习	1. 扫码了解软件界面常见的布局方式 2. 上网搜索并赏析热门软件的界面设计效果
课堂讲解	1. 软件界面的组成 2. 软件界面常见的类型
重点与难点	1. 学习重点：软件首页和内页的设计 2. 学习难点：如何平衡软件各个页面中的元素

课前预习

STEP 2　案例实践操作　　　　　　建议学时：＿＿3＿＿学时

实战案例	1. 设计数据分析软件启动页 2. 设计数据分析软件着陆页 3. 设计数据分析软件其他页面	操作要点	1. "曲线"命令、"杂色"滤镜组 2. 海绵工具 3. 波纹、油画滤镜

案例欣赏

STEP 3　技能巩固与提升　　　　　　建议学时：＿＿4＿＿学时

拓展训练	1. 设计办公软件启动页 2. 设计办公软件内页
AI 辅助设计	1. 使用TreeMind树图快速生成公司发展时间线图 2. 使用ProcessOn生成图书管理系统原型图
课后练习	通过练习题巩固行业知识和软件操作，提升设计能力和实操能力

7.1 行业知识：软件界面设计基础

软件界面作为用户与计算机软件交互的桥梁，不仅影响着用户的使用体验，更直接关系到软件的功能性和易用性。因此，掌握软件界面设计的基础知识，对制作出既美观又实用的软件界面至关重要。

7.1.1 软件界面的组成

软件界面一般由导航栏、内容区域和命令区域组成，如图7-1所示，每个区域放置对应的内容。

● **导航栏**。导航栏可为用户提供切换到其他界面的功能，使用户明确界面位置和层级。常见的导航模式有左侧导航和顶部导航，当导航项目超过5个时，常使用左侧导航，这是因为左侧导航通常可以折叠，节省界面空间，而顶部导航是始终可见的。

● **命令区域**。命令区域可为用户提供快速使用软件、登录、消息提示等功能，可以配合导航进行使用，通常放置在界面的顶部或底部。

● **内容区域**。内容区域用于展示界面的主要内容，根据不同内容可使用不同的界面布局方式。

图7-1　软件界面的组成

7.1.2 软件界面常见的类型

根据功能需求和使用场景的不同，软件界面可以细分为多种类型，其中包括启动页、着陆页、聚合页、内页、详情信息页和表单页等。

● **启动页**。启动页是用户激活软件后首先呈现的页面，其主要作用是在软件初始化过程中为用户提供视觉反馈。由于启动过程可能需要一定时间，因此，该页面的设计往往追求简洁与高识别度，以便在短暂的时间内给用户留下深刻印象，如图7-2所示。

● 着陆页。着陆页又被称为主页，是用户正式进入软件后首先浏览的页面。此页面设计的重点在于直观展示软件的核心功能和用户可能感兴趣的内容，从而引导用户进一步探索软件，如图7-3所示。

图7-2　启动页　　　　　　　　　　　　　　　　图7-3　着陆页

● 聚合页。聚合页是一个将多种内容或数据集中展示，便于用户快速浏览和选择的页面，其作用类似于列表页。根据内容的不同，设计人员可灵活采用网格或列表等排版方式，以提高信息的可读性和可访问性，如图7-4所示。

● 内页。内页属于二级页面，即从着陆页进一步链接到的页面，可以提供更多详细信息、产品说明、购买选项等。

● 详情信息页。当用户从聚合页中或是内页中选择特定内容后，将被引导至详情信息页。此页面专注于提供所选内容的详情信息，旨在帮助用户获得更深入的了解。设计时，需注重信息的层次结构和清晰度，确保信息的有效传达，如图7-5所示。

图7-4　聚合页　　　　　　　　　　　　　　　　图7-5　详情信息页

● 表单页。表单页通常用于收集用户数据，如账户创建、偏好设置或用户反馈等。在设计表单页时，应确保界面友好、直观，并采取措施保护用户数据的安全。

在进行软件界面设计时，除了以上页面外，设计人员还能遇到其他页面，如登录页、图表页、反馈页、展示页等。即界面类型不是固定的，可根据软件的内容进行合理的调整。

7.2　实战案例：设计数据分析软件启动页

案例背景

　　某互联网公司为了更好地统计与分析公司销售数据，准备设计一款名称为"数据分析平台"的数据分析软件，现在需要设计该软件的启动页，具体要求如下。

　　（1）整体风格应简洁、大气，色彩搭配简单、舒适，符合互联网公司的审美定位。

　　（2）界面尺寸为1920像素×1080像素，分辨率为72像素/英寸。

　　（3）界面布局应合理、清晰，能直观凸显内容。

设计大讲堂

　　在设计软件界面时，需确保软件界面能够在不同尺寸的屏幕上正确显示。常用的尺寸包括1366像素×768像素、1920像素×1080像素、1536像素×864像素等。设计人员在设计时需要充分考虑这些尺寸，以确保界面元素的清晰度。

设计思路

　　（1）色彩风格。使用简约、清新的风格，以蓝色为主色，搭配白色，营造丰富、有层次感且和谐的色彩效果。

　　（2）字体规范。选择"思源黑体 CN"为主要字体，方便用户识别。

　　（3）界面布局。采用中心布局的方式，在科技感背景的基础上，输入文字，直观地体现启动页信息。软件启动页的原型图如图7-6所示。

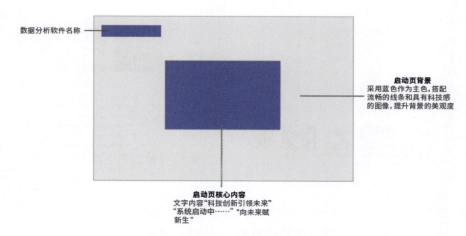

图7-6　软件启动页的原型图

本例参考效果如图7-7所示。

图7-7　软件启动页参考效果

操作要点

操作要点详解

（1）运用"曲线"命令调整颜色。

（2）运用橡皮擦工具擦除图像局部，用椭圆工具绘制形状。

（3）运用"图层蒙版"命令调整显示区域。

（4）运用"添加杂色"滤镜添加杂色。

7.2.1　设计启动页背景

微课视频

在设计启动页背景时，可在提供的背景图素材中添加光源，调整背景图素材的颜色，并添加杂色，提升背景质感，具体操作如下。

设计启动页背景

（1）新建大小为"1920像素×1080像素"，分辨率为"72像素/英寸"，颜色模式为"RGB颜色"，名称为"数据分析软件启动页"的文件。

（2）打开"启动页背景.jpg"素材文件，将其拖曳到图像中，调整大小和位置。

（3）选择"橡皮擦工具" ，在工具属性栏中设置"画笔样式"为"柔边圆"，调整画笔大小并在背景图上方拖曳，使背景过渡自然，如图7-8所示。

（4）打开"光源1.jpg"素材文件，将其拖曳到图像中，调整大小和位置，并设置图层"混合模式"为"滤色"。由于添加的光源素材右侧较长，超出了背景图素材中的线条长度，因此单击"图层蒙版"按钮 ，设置前景色为"#000000"，选择"画笔工具" ，在超出部分按住鼠标左键拖曳涂抹，将其隐藏，如图7-9所示。

图7-8　过渡背景

图7-9　添加光源

（5）打开"光晕.png""光源2.jpg""光源3.jpg"素材文件，分别将其拖曳到图像中，调整大小和位置，并设置图层"混合模式"为"滤色"，如图7-10所示。

（6）单击"创建新的填充或调整图层"按钮 ，在打开的下拉列表中选择"曲线"选项，打开曲线"属性"面板，在中间区域单击并向下拖曳，降低图像亮度，效果如图7-11所示。

图7-10　添加其他光源

图7-11　调整曲线

（7）打开"素材.png"素材文件，将其拖曳到图像中，调整大小、位置，如图7-12所示。

（8）选择"椭圆工具" ，在工具属性栏中设置"填充"为"#28b6f1~#0041e4"，"角度"为"-90°"，在图像编辑区中绘制不同大小的圆，并设置右侧大圆的"不透明度"为"60%"，如图7-13所示。

图7-12　添加素材

图7-13　绘制不同大小的圆

（9）按【Ctrl+Shift+Alt+E】组合键盖印图层，选择【滤镜】/【杂色】/【添加杂色】命令，打开"添加杂色"对话框，设置"数量"为"10%"，如图7-14所示。单击 确定 按钮，完成背景的制作，效果如图7-15所示。

图7-14 添加杂色

图7-15 完成背景的制作

7.2.2 设计启动页内容

输入文字后，通过设置图层样式为主要文字制作立体效果，使其更加突出，具体操作如下。

微课视频

设计启动页内容

（1）选择"横排文字工具" ，设置"字体"为"思源黑体 CN"，"字体样式"为"Bold"，"文本颜色"为"#ffffff"，在图像的中间输入"科技创新引领未来"，调整文字的大小、位置。

（2）选择文字图层，设置"填充"为"0"，按【Ctrl+J】组合键复制图层，双击复制前的文字图层右侧的空白区域，打开"图层样式"对话框，勾选"斜面和浮雕"复选框，设置"高光模式"和"阴影模式"的颜色均为"#ffffff"，其他参数如图7-16所示。

（3）勾选"光晕"复选框，设置"混合模式"的颜色为"#0d8cf8"，其他参数如图7-17所示。

（4）勾选"颜色叠加"复选框，设置"混合模式"为"强光"，颜色为"#bfb8b2"；"不透明度"为"92%"。

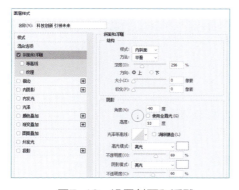

图7-16 设置斜面和浮雕

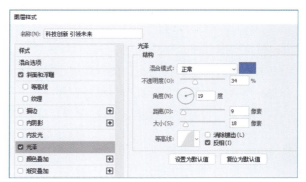

图7-17 设置光泽

（5）勾选"渐变叠加"复选框，设置"渐变颜色"为"#2989cc～#ffffff～#2989cc"，"角度"为"0 度"，"缩放"为"113%"如图7-18所示。单击 确定 按钮，效果如图7-19所示。

图7-18　设计渐变叠加参数　　　　　　　图7-19　查看文字效果

（6）复制图层样式到文字拷贝图层，清除"斜面和浮雕""光泽""颜色叠加"图层样式，修改渐变颜色为"#ffffff~透明"，效果如图7-20所示。

（7）选择"横排文字工具" T，设置"字体"为"思源黑体 CN"，"文本颜色"为"#ffffff"，输入其他文字，调整文字的大小、位置，完成启动页的制作，如图7-21所示。

图7-20　修改图层样式　　　　　　　　图7-21　输入其他文字

7.3　实战案例：设计数据分析软件着陆页

案例背景

为了能直观展示软件的类目和基本信息，需要为该互联网公司开发的数据分析软件设计着陆页，具体要求如下。

（1）界面风格以简洁为主，能直观展示各信息。

（2）色彩搭配舒适，界面布局整齐有序。

（3）界面尺寸为1920像素×1080像素，分辨率为72像素/英寸。

设计思路

（1）界面组成与布局。采用卡片型的布局方式直观展现内容，最上方为命令区，用于展示软件名称和软件基本按钮，中间为内容区，左侧为导航栏，用于分类展示数据分析的类目，图7-22所示为着陆页组成与布局。

（2）色彩风格。界面的定位为数据分析，为了便于区分数据，可选择深蓝色为主色，搭配粉色、红色、紫色、黄色、绿色等，划分界面层次，色彩搭配如图7-23所示。

（3）字体规范。为了便于用户识别，选择"思源黑体"作为着陆页主要字体。

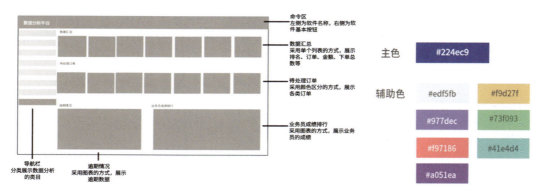

图7-22　着陆页组成与布局　　　　　　　　　　图7-23　色彩搭配

本例参考效果如图7-24所示。

图7-24　着陆页参考效果

操作要点

操作要点详解

（1）运用矩形工具、椭圆工具、直线工具、三角形工具绘制形状。

（2）运用海绵工具增加饱和度。

7.3.1 设计命令区

微课视频

设计命令区

设计数据分析软件着陆页时，需要先设计命令区，命令区分为两个部分，左侧为软件名称，右侧为"创建订单""操作人员""退出"按钮，方便用户通过这些按钮操作软件，具体操作如下。

（1）新建大小为"1920像素×1080像素"，分辨率为"72像素/英寸"，颜色模式为"RGB颜色"，名称为"数据分析软件着陆页"的文件。

（2）将前景色设置为"#edf5fb"，填充前景色到"背景"图层。

（3）选择"矩形工具" ▢，设置"填充"为"#162aa9"，在图像左上角绘制大小为"300像素×100像素"的矩形，然后在矩形的右侧绘制"填充"为"#224ec9"、大小为"1620像素×100像素"的矩形。

（4）选择"横排文字工具" T.，输入文字，在工具属性栏中设置"字体"为"思源黑体CN"，调整文字的颜色、位置和大小。

（5）打开"数据分析软件着陆页图标汇总.psd"素材文件，将其中的创建、退出、人物图标拖曳到对应文字的左侧，调整大小和位置，效果如图7-25所示。

图7-25　完成命令区的制作

7.3.2 设计导航栏

微课视频

设计导航栏

导航栏位于着陆页的左侧，主要用于分类展示数据分析的类目。在设计时可先使用矩形进行分割，然后添加图标和文字，具体操作如下。

（1）选择"矩形工具" ▢，设置"填充"为"#ffffff"，绘制大小为"300像素×990像素"的矩形。

（2）选择"横排文字工具" T.，在工具属性栏中设置"字体"为"思源黑体 CN"，在绘制的矩形中输入文字，调整文字的颜色、位置和大小。

（3）打开"数据分析软件着陆页图标汇总.psd"素材文件，将侧面图标素材拖曳到对应文字的左侧，调整大小和位置。

（4）选择"矩形工具" ▢，设置"填充"为"#224ec9"，在"首页"文字左侧绘制大小为"4像素×70像素"的矩形。然后使用"直线工具" ╱在"首页"文字下方绘制一条直线，如图7-26所示。

图7-26　绘制直线

7.3.3 设计内容区

微课视频

设计内容区

内容区位于导航栏的右侧，主要展示数据内容，如数据汇总、待处理订单、逾期情况、业务员成绩排行等。在设计时可先使用矩形进行分割，然后进行各个模块的制作，具体操作如下。

（1）选择"矩形工具" ▢，设置"填充"为"#ffffff"，在命令区的下方绘制大小为"1590像素×225像素"的矩形。

（2）选择"横排文字工具" T，在工具属性栏中设置"字体"为"思源黑体 CN"，输入"数据汇总""全部"，调整文字的颜色、位置和大小。

（3）选择"矩形工具" ▢，设置"描边颜色"为"#d2d2d2"，"描边宽度"为"1点"，"圆角半径"为"10像素"，在"全部"文字处绘制大小为"114像素×40像素"的圆角矩形。

（4）使用"三角形工具" △，在"全部"文字右侧绘制"填充"为"#ebebeb"的三角形，如图7-27所示。

图7-27　制作数据汇总栏

（5）选择"矩形工具" ▢，设置"描边颜色"为"#edf5fb"，"描边宽度"为"2像素"，在文字下方绘制7个大小为"227像素×165像素"的矩形，如图7-28所示，并将这些图层整理在一个图层组中。

图7-28　绘制矩形

（6）选择"椭圆工具" ◯，设置"填充"为"#4973e8"，在7个矩形中分别绘制大小为"54像素×54像素"的圆。

（7）在打开的"数据分析软件着陆页图标汇总.psd"素材文件中，将数据汇总图标素材拖曳到圆上方，调整大小和位置，如图7-29所示。

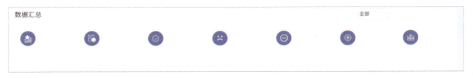

图7-29　绘制圆并添加图标

（8）选择"横排文字工具" T.，在工具属性栏中设置"字体"为"思源黑体 CN"，分别在圆的右侧和下方输入文字，调整文字的颜色、位置和大小，如图7-30所示。

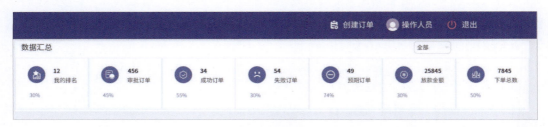

图7-30　输入文字1

（9）选择"矩形工具" □，设置"填充"为"#edf5fb"，"圆角半径"为"2.5像素"，在"30%"文字上方绘制大小为"154像素×5像素"的圆角矩形。

（10）选择"矩形工具" □，设置"填充"为"#4973e8"，"圆角半径"为"2.5像素"，在绘制的圆角矩形上方绘制大小为"42像素×5像素"的圆角矩形，完成第一个板块的制作。使用相同的方法，为其他板块制作数据条，效果如图7-31所示。

图7-31　制作数据条

（11）选择"矩形工具" □，设置"填充"为"#ffffff"，绘制大小为"1590像素×312像素"的矩形。

（12）选择"矩形工具" □，设置"填充"为"#977dec"，"圆角半径"为"10像素"，绘制大小为"242像素×181像素"的圆角矩形。

（13）选择"矩形工具" □，设置"填充"为"#8469dc"，绘制大小为"310像素×40像素"的矩形，然后创建剪贴蒙版。

（14）选择"横排文字工具" T.，在工具属性栏中设置"字体"为"思源黑体 CN"，在矩形中输入文字，调整文字的颜色、位置和大小，并将文字整理在图层组中。使用"直线工具" ╱在"待处理订单"文字下方绘制一条颜色为"#edf5fb"的直线，如图7-32所示。

图7-32　绘制直线

（15）选择左侧圆角矩形中的所有图层和图层组，按住【Alt】键不放向右拖曳复制5次，将圆角矩形的底纹颜色分别修改为"#f97186""#a051ea""#41e4d4""#f9d27f""#73f093"，然后将圆角矩形下方的矩形颜色分别修改为"#e95c72""#9447dc""#39d6c7""#fbc759""#5fdf80"，然后并修改矩形中的文字内容，完成后的效果如图7-33所示。

图7-33　制作待处理订单板块

（16）选择"矩形工具" ，设置"填充"为"#ffffff"，绘制大小为"678像素×400像素"的矩形。

（17）选择"矩形工具" ，设置"描边颜色"为"#edf5fb"，"描边宽度"为"2像素"，在文字下方绘制3个大小为"227像素×108像素"的矩形。

（18）选择"直线工具" ，设置"描边颜色"为"#e5f4ff"，在"描边选项"下拉列表中选择第二种样式，然后在矩形中绘制直线，组合矩形，如图7-34所示。

（19）选择"横排文字工具" ，在工具属性栏中设置"字体"为"思源黑体 CN"，在矩形中输入文字，调整文字的颜色、位置和大小，如图7-35所示。

图7-34　组合矩形

图7-35　输入文字2

（20）选择"矩形工具" ，在"全部"文字处绘制大小为"114像素×40像素"、"圆角半径"为"10像素"的圆角矩形。

（21）使用"三角形工具" 在"全部"文字右侧绘制"填充"为"#ebebeb"的三角形，如图7-36所示。

（22）选择"矩形工具" ，设置"填充"为"#4973e8"，在矩形中分别绘制大小为"60像素×40像素""60像素×80像素""60像素×56像素""60像素×60像素""60像素×94像素"的矩形，完成逾期情况板块的制作，如图7-37所示。

（23）选择"矩形工具" ，设置"填充"为"#ffffff"，绘制大小为"890像素×400像素"的矩形。

（24）选择"横排文字工具" ，在工具属性栏中设置"字体"为"思源黑体 CN"，在矩形右侧输入文字，调整文字的颜色、位置和大小，如图7-38所示。

（25）选择"矩形工具" ，设置"填充"为"#edf4fb"，"圆角半径"为"6像素"，分别在"张一""赵二""李三""王四""周五"文字右侧绘制大小为"357像素×12像素"的圆角矩形。

（26）在圆角矩形的上方绘制颜色为"#4973e8"的圆角矩形，完成业务员成绩排行板块的制作，如图7-39所示。

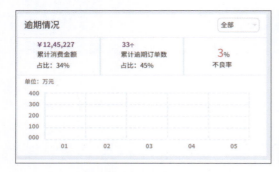

图7-36　绘制三角形

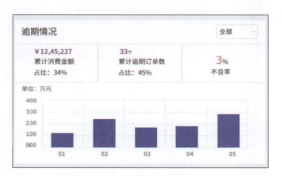

图7-37　制作逾期情况板块

图7-38　输入业务员成绩排行板块文字

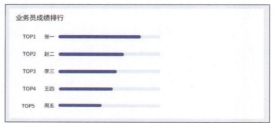

图7-39　制作业务员成绩排行板块

（27）此时，整个着陆页的数据和图标颜色不够明显，可按【Ctrl+Shift+Alt+E】组合键盖印图层，选择"海绵工具" ，在工具属性栏的"模式"下拉列表中选择"加色"选项，设置"流量"为"50%"，调整画笔大小，并在图像中拖曳，增强色彩的饱和度，更加便于识别。完成后按【Ctrl+S】组合键保存文件，着陆页效果如图7-40所示。

图7-40　着陆页效果

7.4　实战案例：设计数据分析软件其他页面

案例背景

　　某互联网公司准备在着陆页的基础上设计其他页面，如内页、详情信息页、表单页等，具体要求如下。

　　（1）各界面设计风格与着陆页的风格统一。

　　（2）色彩鲜明，每个部分能直观体现内容。

　　（3）各界面尺寸为1920像素×1080像素，分辨率为72像素/英寸。

设计思路

　　（1）色彩风格。选择简约、清新的风格，以深蓝色为主色，搭配紫色、绿色和黄色等颜色，并在此基础上适当进行明度和纯度变化，营造丰富、有层次感且和谐的色彩效果。

　　（2）字体规范。选择"思源黑体 CN"为软件界面主要字体，方便用户识别。

　　（3）界面组成与布局。采用卡片型的布局方式，分区域展示内容。图7-41所示为这些页面的组成与布局。

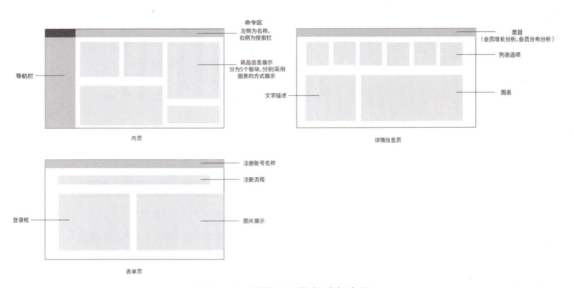

图7-41　其他页面的组成与布局

　　本例参考效果如图7-42、图7-43、图7-44所示。

操作要点

操作要点详解

　　（1）运用矩形工具、直线工具绘制图形，使用文字工具输入文字。

　　（2）运用波纹、油画滤镜提升图像视觉效果。

图7-42　数据分析软件内页效果

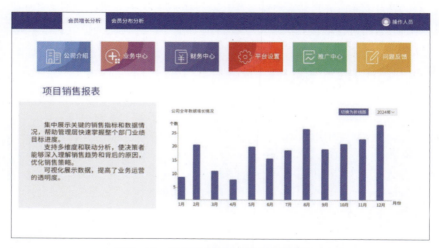

图7-43　数据分析软件详情信息页效果

图7-44　数据分析软件表单页效果

7.4.1　设计内页

在设计内页时，将沿用着陆页的色彩搭配，并通过图表的方式展示内容，具体操作如下。

微课视频

设计内页

（1）新建大小为"1920像素×1080像素"，分辨率为"72像素/英寸"，颜色模式为"RGB颜色"，名称为"数据分析软件内页"的文件。

（2）选择"矩形工具" ，设置"填充"为"#162aa9"，在图像左上角绘制大小为"300像素×100像素"的矩形，然后在矩形的右侧绘制"填充"为"#224ec9"、大小为"1620像素×100像素"的矩形。

（3）选择"矩形工具"，设置"填充"为"#ffffff"，"圆角半径"为"60像素"，在矩形右侧绘制大小为"310像素×42像素"的圆角矩形。

（4）选择"横排文字工具" **T.**，在工具属性栏中设置"字体"为"思源黑体 CN"，输入文字，调整文字的颜色、位置和大小。

（5）打开"放大镜.png"素材文件，将放大镜图标拖曳到圆角矩形左侧，调整大小和位置，完成命令区的制作，如图7-45所示。

图7-45　制作命令区

（6）选择"矩形工具"，设置"填充"为"#f5f5f5"，在图像左侧绘制大小为"300像素×1000像素"的矩形。

（7）打开"数据分析软件着陆页.psd"图像文件，将左侧导航栏中的文字和图标拖曳到图像中，并在首页下方添加二级内容，使用"矩形选框工具"，框选需要调整的图标，调整图标位置。

（8）选择"矩形工具"，设置"填充"为"#293aa7"，在"商品信息"文字左侧绘制大小为"6像素×42像素"的矩形。然后在"商品信息"文字下方绘制大小为"294像素×42像素"的矩形，并设置该图层"不透明度"为"10%"。

（9）选择"直线工具" ∕，设置"描边颜色"为"#e5e9fb"，在矩形右侧绘制直线用于分割页面，完成后的效果如图7-46所示。

（10）打开"图表.psd"素材文件，将其中的图例拖曳到矩形中，调整大小和位置，如图7-47所示。

设计大讲堂

本例中的图表以图片素材的形式直接提供。这是因为如果使用Photoshop直接绘制图表，可能会出现内容分割不均、布局错误、表达不完整等问题。为了避免这些情况，设计人员应借助其他工具来完成图表的制作，例如Excel、PowerPoint等。此外，还有一些专门的图表制作工具，如图表秀、图说、ECharts等，也可以用来制作图表。

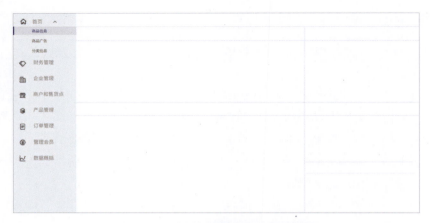

图7-46　绘制左侧板块并绘制分割线

图7-47　添加图表

（11）选择"横排文字工具" T，在工具属性栏中设置"字体"为"思源黑体 CN"，分别在图表上方输入文字，调整文字的颜色、位置和大小，如图7-48所示。

图7-48　输入文字

（12）选择"矩形工具" ，设置"填充"为"#8694fb"，"圆角半径"为"10像素"，在"订单状态"栏下方绘制大小为"200像素×126像素"的圆角矩形。

（13）选择"横排文字工具" **T**，在工具属性栏中设置"字体"为"思源黑体 CN"，在圆角矩形中输入文字，调整文字的颜色、位置和大小。

（14）选择圆角矩形和文字，按住【Alt】键不放向右拖曳复制，修改文字内容，并将圆角矩形的"填充"修改为"#5fdf80"。按【Ctrl+S】组合键保存文件，完成软件内页的制作，如图7-49所示。

图7-49　完成内页的制作

7.4.2　设计详情信息页

详情信息页主要分为3个部分，即类目、项目销售报表文字和图表。在设计时可使用矩形工具分割各部分内容，然后采用图文结合的方式对各部分进行制作，具体操作如下。

（1）新建大小为"1920像素×1080像素"，分辨率为"72像素/英寸"，颜色模式为"RGB颜色"，名称为"数据分析软件详情信息页"的文件。

（2）选择"矩形工具" ，设置"填充"为"#162aa9"，在图像左上角绘制大小为"1930像素×80像素"的矩形，然后在矩形的左侧绘制"填充"为"#ffffff"、大小为"200像素×80像素"的矩形。

（3）选择"横排文字工具" **T**，输入文字，在工具属性栏中设置"字体"为"思源黑体 CN"，调整文字的颜色、位置和大小。

（4）打开"数据分析软件详情信息页图标汇总.psd"素材文件，将其中的人物图标拖曳到对应文字的左侧，调整大小和位置，完成命令区的制作，效果如图7-50所示。

图7-50 完成命令区的制作

（5）选择"矩形工具" ▢，设置"填充"为"#0492fe"，在命令区的下方绘制大小为"245像素×140像素"的矩形。

（6）选择"椭圆工具" ○，设置"填充"为"#3dabff"，在矩形的上方绘制大小为"395像素×286像素"的椭圆，创建剪贴蒙版，如图7-51所示。

（7）在椭圆的上方绘制"填充"为"#5db9ff"、大小为"330像素×250像素"的椭圆，创建剪贴蒙版，如图7-52所示。

图7-51 绘制椭圆并创建剪贴蒙版

图7-52 绘制另一个椭圆并创建剪贴蒙版

（8）使用"横排文字工具" T 输入"公司介绍"，调整文字的字体、大小、位置和颜色。

（9）打开"数据分析软件详情信息页图标汇总.psd"素材文件，将其中的楼层图标拖曳到文字的左侧，调整大小和位置，如图7-53所示。

图7-53 添加图标

（10）使用步骤（5）～步骤（9）的方法制作其他模块，完成后的效果如图7-54所示。

图7-54 制作其他模块

（11）选择"矩形工具" ▢，设置"填充"为"#f6f4f4"，在左侧空白区域绘制大小为"630像素×510像素"的矩形。

（12）选择"横排文字工具" T，设置"字体"为"思源黑体 CN"，在矩形上方输入文字，调整文字的大小、位置和颜色，如图7-55所示。

（13）选择"直线工具" ／，在文字的右侧绘制"填充"为"#999999"的一条横线和竖线，用作坐标轴。

（14）使用"直线工具" ／绘制直线，用作刻度值，并在其附近使用"横排文字工具" T 输入文字，如图7-56所示。

（15）选择"矩形工具" ▢，设置"填充"为"#506fc5"，在图表的上方绘制不同大小的矩形，表示柱状图。

（16）选择"矩形工具" ▢，设置"填充"为"#506fc5"，在图表的上方绘制大小为"137像素×32像素"的矩形。在矩形的右侧绘制"填充"为"#f5f5f5"，"描边颜色"为"#cccccc"，"描边宽度"为"1 像素"，大小为"97像素×32像素"的矩形。

图7-55　输入文字

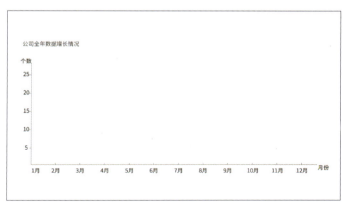

图7-56　绘制直线并输入文字

（17）选择"横排文字工具" T，设置"字体"为"思源黑体 CN"，在矩形上方输入文字，调整文字的大小、位置和颜色。

（18）打开"数据分析软件详情信息页图标汇总.psd"素材文件，将其中的下拉图标拖曳到"2024"文字的右侧，调整大小和位置，完成详情信息页的制作，效果如图7-57所示。

图7-57　完成详情信息页的制作

7.4.3　设计表单页

微课视频

设计表单页

表单页可展示注册账号的流程，设计时在左侧展示注册会员的相关信息，如姓名、邮箱、地址、学历等，在右侧通过添加图片的方式美化页面，使页面更简洁、美观，具体操作如下。

（1）新建大小为"1920像素×1080像素"，分辨率为"72像素/英寸"，颜色模式为"RGB 颜色"，名称为"数据分析软件表单页"的文件。

（2）选择"矩形工具" 🔲，设置"填充"为"#3f67d5"，在图像上方绘制大小为"1920 像素×80像素"的矩形。

（3）选择"横排文字工具" **T.**，输入"注册账号"，在工具属性栏中设置"字体"为"思 源黑体 CN"，调整文字的颜色、位置和大小。

（4）选择"椭圆工具" 🔘，设置"描边颜色"为"#3f67d5"，在矩形的下方绘制大小为"51 像素×51像素"的圆。

（5）选择"横排文字工具" **T.**，输入"1""注册信息"，在工具属性栏中设置"字体"为 "思源黑体 CN"，调整文字的颜色、位置和大小，如图7-58所示。

图7-58　输入文字

（6）选择椭圆和文字，按住【Alt】键不放向右拖曳复制内容，并将复制后的圆颜色和文 字颜色都修改为"#6b6a6a"，再修改文字内容，重复3次操作，效果如图7-59所示。

图7-59　复制并修改内容1

（7）选择"矩形工具" 🔲，取消填充，设置"描边颜色"为"#cecece"，"圆角半径"为 "4像素"，在"注册信息"文字下方绘制大小为"480像素×64像素"的圆角矩形。

（8）使用"横排文字工具" **T.**在圆角矩形的左侧输入"姓名"，调整文字的字体、大小、 位置和颜色。

（9）选择圆角矩形和文字，按住【Alt】键不放向下拖曳复制内容，分别修改圆角矩形中 的文字，重复4次操作。选择最下方的圆角矩形，取消描边，修改"填充"为"#3f67d5"，然 后修改"下一步"文字的颜色和大小，如图7-60所示。

图7-60　复制并修改内容2

（10）选择"矩形工具" ，设置"填充"为"#60ba62"，在右侧空白区域绘制大小为"1160像素×790像素"的矩形。

（11）打开"城市.jpg"素材文件，将其拖曳到矩形上方，调整大小和位置，然后创建剪贴蒙版，效果如图7-61所示。

图7-61　添加素材并创建剪贴蒙版

（12）选择图片，选择【滤镜】/【扭曲】/【波纹】命令，设置"数量"为"183%"，"大小"为"中"，单击 确定 按钮，如图7-62所示。

（13）选择图片，选择【滤镜】/【风格化】/【油画】命令，设置"描边样式"为"1.0"，"描边清洁度"为"1.8"，"缩放"为"1"，单击 确定 按钮，如图7-63所示。完成后的效果如图7-64所示。

图7-62　设置波纹滤镜　　　　图7-63　设置油画滤镜　　　　图7-64　查看效果

（14）选择图片所在图层，单击"创建新的填充或调整图层"按钮 ，在打开的下拉列表中选择"色彩平衡"选项，打开色彩平衡"属性"面板，设置"青色"为"40"，"洋红"为"-7"，使图像色调与页面蓝色搭配更和谐，完成表单页的制作，效果如图7-65所示。

图7-65　完成表单页的制作

7.5　拓展训练

实训 1　设计办公软件启动页

实训要求

（1）某互联网公司准备更新研发的办公软件并重新设计其启动页，要求简洁、美观，通过文字的方式提示软件启动。

（2）启动页尺寸为1920像素×1080像素，分辨率为72像素/英寸。

操作思路

（1）使用渐变工具绘制带渐变效果的背景。

（2）使用椭圆工具制作不同大小的圆，并设置不同的透明度，使其形成完整的启动页背景效果。

（3）盖印图层，添加杂色滤镜。

（4）添加油画滤镜，增加背景的层次感。

（5）添加素材并输入文字。

具体设计过程如图7-66所示。

①制作背景

②添加素材和文字

图7-66 办公软件启动页设计过程

实训 2 设计办公软件内页

实训要求

（1）继续设计该互联网公司的办公软件内页，以直观地体现销售简报、今日提醒、产品动态、团队贡献等内容。

（2）内页尺寸为1920像素×1080像素，分辨率为72像素/英寸。

（3）内页简洁、美观，布局直观、合理。

操作思路

（1）使用矩形工具绘制不同大小的矩形，用于布局内页。

（2）添加图表、图标和Logo素材。

（3）输入文字，并在"团队贡献"栏中使用椭圆工具、钢笔工具等工具绘制图形，完成后使用矩形工具划分"今日提醒"栏下的文字内容。

具体设计过程如图7-67所示。

①绘制不同大小的矩形

图7-67 办公软件内页设计过程

②添加图标、图表和 Logo 素材

③输入文字

图7-67　办公软件内页设计过程（续）

7.6 AI辅助设计

TreeMind 树图 快速生成公司发展时间线图

TreeMind树图是新一代的AI思维导图软件，提供了智能思维导图制作工具和丰富的模板，支持脑图、逻辑图、树形图、鱼骨图、组织架构图、时间轴（即时间线）等多种专业格式。例如，使用TreeMind树图生成软件界面中的公司发展时间线图。

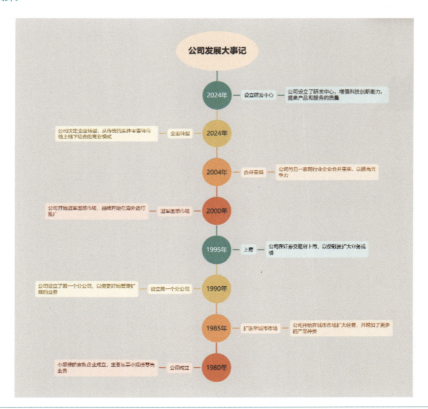

使用方式：模板生成

使用方式：选择模板→修改模板内容
主要参数：公司发展大事记、免费使用模板

示例参数：产品为模板知识库／创意模板／时间轴／选择模板
选择模板：公司发展大事记
示例效果：

ProcessOn　生成图书管理系统原型图

ProcessOn是一款在线作图工具和社交网络平台，专注于垂直专业领域。它支持多种图形的绘制，如思维导图、流程图、UML（统一建模语言）图、网络拓扑图、组织结构图、原型图和时间轴等。用户可以直接在浏览器中进行编辑，无须安装软件，从而实现便捷协作。

除此之外，ProcessOn还支持实时协作，能多人同时编辑同一文档，极大提升团队协作效率。同时，ProcessOn还提供版本管理功能，方便用户查看和恢复历史版本，防止误操作。

此外，用户还可以导入和导出Visio、PDF、Word等多种文件格式，实现与其他工具的数据交换。例如，使用ProcessOn生成图书管理系统原型图。

使用方式：模板生成

使用方式：选择模板／修改模板内容
主要参数：图书管理系统原型图、免费使用模板

示例参数：产品为数据分析与研究／图表/表格／在线绘制图表
选择模板：图书管理系统原型图
示例效果：

拓展训练

请运用TreeMind树图中的模板生成功能，生成销售业绩柱状图，并修改柱状图内容。

7.7 课后练习

1. 填空题

（1）软件界面一般由_____、_____、_____组成。

（2）着陆页又被称为_____，是用户正式进入软件后首先浏览的页面。

（3）常见的软件对包括_____、_____、_____等。

（4）_____可为用户提供切换到其他界面的功能，使用户明确页面位置和层级。

2. 选择题

（1）【单选】其作用类似于列表页的页面是（　　）。

A. 启动页　　　　　　B. 着陆页　　　　　　C. 聚合页　　　　　　D. 内页

（2）【单选】通常用于收集用户数据的页面是（　　）。

A. 着陆页　　　　　　B. 聚合页　　　　　　C. 内页　　　　　　D. 表单页

（3）【单选】在制作软件界面时，若需界面背景能模拟出噪点效果，可使用（　　）滤镜来完成。

A. 添加杂色　　　　　B. 油画　　　　　　C. 风格化　　　　　　D. 渲染

（4）【多选】软件界面常见的类型有（　　）。

A. 启动页　　　　　　B. 着陆页　　　　　　C. 聚合页　　　　　　D. 内页

（5）【多选】制作图表的常用工具有（　　）。

A. Excel　　　　　　B. PowerPoint　　　　　C. 图说　　　　　　D. ECharts

3. 操作题

（1）为源鑫公司后台软件制作内页，内容区添加功能类目、9月销售额、人员构成、考勤情况等内容，要求简洁、美观，参考效果如图7-68所示。

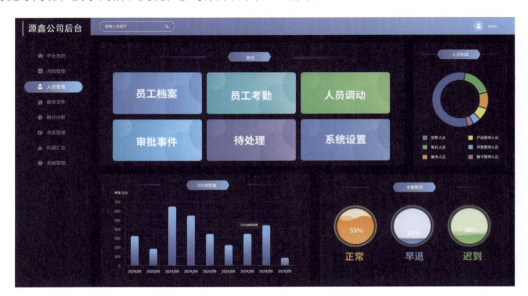

图7-68　源鑫公司后台软件内页参考效果

（2）为源鑫公司后台软件制作表单页，在设计时左侧为装饰图，右侧为登录窗口，参考效果如图7-69所示。

图7-69　源鑫公司后台软件表单页参考效果

（3）运用TreeMind树图中的模板生成功能，生成以测助学软件的图表，参考效果如图7-70所示。

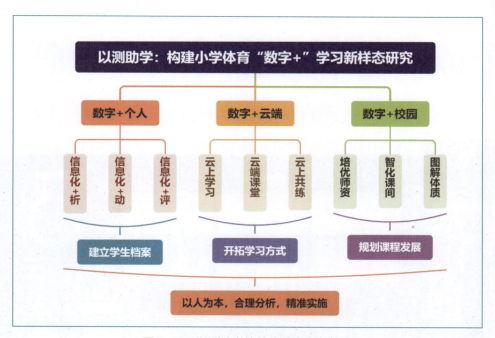

图7-70　以测助学软件的图表参考效果

第 章

综合案例：
"宛木居" UI 设计项目

随着房地产市场的持续繁荣和互联网技术的飞速发展，线上的房产交易与信息查询平台越来越多。"宛木居"作为一家集二手房买卖、新房销售、租房服务及房价查询等业务于一体的专业房产企业，积极采用线上、线下相结合的方式，为客户提供全方位、便捷的房产交易服务。为了更好地满足客户不断增长的需求，并进一步提升企业影响力，"宛木居"企业决定进行全面的数字化升级，包括官网、App 以及软件界面的全新设计。

学习目标

▶ **知识目标**

◎ 了解 UI 设计商业案例。
◎ 熟悉各种界面的设计方法。

▶ **技能目标**

◎ 能够以专业手法完成各种类型的 UI 设计。
◎ 能够综合运用 Photoshop 的各项功能。

▶ **素养目标**

◎ 具备 UI 设计人员的职业素养。
◎ 提高独立完成 UI 设计项目的能力。
◎ 提高对市场和目标受众的敏感度，能从全局角度缜密思考。

学习引导

STEP 1 相关知识学习   建议学时：___1___ 学时

课前预习
1. 扫码了解UI设计人员的职业要求，加深对UI设计行业的认知
2. 上网搜索成体系的UI设计项目，通过这些项目提高设计审美，提高系统性思维能力

课前预习

STEP 2 案例实践操作   建议学时：___5___ 学时

商业案例
1. "宛木居"官网界面设计：设计官网首页、官网内页、官网登录页
2. "宛木居"App界面设计：设计App启动页、App图标、App首页、App发现页、App个人中心页，标注App界面
3. "宛木居"软件界面设计：设计软件启动页、软件着陆页、软件内页

案例欣赏

8.1 "宛木居"官网界面设计

"宛木居"作为专业的房产企业，需要设计简洁、专业的官网界面。整个官网主要分为首页、内页、登录页3个部分，完成后还需要进行切片与输出，方便后期使用。

8.1.1 设计官网首页

官网首页作为官网的门户，应呈现出"宛木居"企业的专业形象，具备视觉吸引力，同时布局应简洁明了，便于用户快速定位所需服务。

📇 设计要求

（1）官网首页需包含企业标志、导航栏、宣传Banner、企业介绍、小区介绍、二手房介绍、页尾等信息。

（2）界面整体风格统一，配色和谐，视觉效果好，板块划分清晰，文字易识别。

（3）界面尺寸为1920像素×4430像素，分辨率为72像素/英寸。

💡 设计思路

（1）首页以青绿色为主色，在设计时首先设计企业标志并添加企业名称，绘制导航栏背景，然后输入导航栏文字。

（2）绘制宣传Banner时，先绘制矩形并添加房屋相关图片素材，调整不透明度，使图片与矩形融合，输入文字，并在文字下方制作输入框、左右调整图标和地图图标。

（3）输入板块标题文字并在两侧绘制装饰线。在文字下方绘制不同形状的图形，在左侧图形上方添加图片素材，在右侧输入"为你为家"，然后在下方以"图标+文字"的形式制作查看详情图标。

（4）制作板块标题文字，绘制矩形并在上方添加小区相关图片素材和说明文字，在左右两侧绘制左右图标。

（5）绘制矩形并添加二手房相关图片素材，在图片的上方和下方分别输入文字内容。

（6）添加楼盘图片素材，适当擦除图片顶部，使其与界面融入得更加自然。

（7）在底部绘制页尾背景形状，添加标志、图标、联系方式等页尾内容。

官网首页参考效果如图8-1所示。

图8-1　官网首页参考效果

8.1.2　设计官网内页

为了便于用户更好地搜索二手房信息，"宛木居"企业准备重新设计官网二手房内页。

设计要求

（1）详细分类展示二手房的各类房产信息，便于用户快速查找。

（2）界面高度不限，宽度为1920像素，分辨率为72像素/英寸。

设计思路

（1）内页以青绿色为主色，并以灰色进行搭配，在设计时首先制作导航内容，注意"二手房"文字字号比其他文字字号要大。

（2）添加图标，并修改颜色以突出显示，在右侧输入文字，在文字下方制作输入框和搜索图标。

（3）绘制浅灰色的矩形，在上方输入位置、房型、朝向、楼层、标签等文字内容，并绘制矩形。

（4）使用矩形和直线划分内容，输入文字内容，并在左侧添加房屋图片素材。

（5）绘制矩形并添加二手房相关图片素材，在图片的上方和下方分别输入文字内容，这些内容可直接在首页中复制。

（6）采用与制作首页页尾相同的方法制作内页页尾。

官网内页参考效果如图8-2所示。

图8-2　官网内页参考效果

默认排序　　新发布　　房屋总价　　房屋单价　　房屋面积

蜀南春郡 3室2厅南北

蜀南春郡-华阳

3室2厅|79.74平方米|南北|精装|中楼层（共32层）|2020年|板塔结合

1人关注/1个月以前发布

150万
18,812元/平方米

皇冠湖壹号3室2厅南

皇冠湖壹号-东安湖

3室2厅|102.11平方米|南|精装|低楼层（共33层）|塔楼

8人关注/一年前发布

150万
14,691元/平方米

华宇旭辉锦绣花城4室1厅南

华宇旭辉锦绣花城-龙潭寺4室1厅|127.52平方米|南|精装|高楼层(共8层)|板楼

12人关注/一年前发布

215万
16,861元/平方米

万科理想城三期.星河4室2厅西北

万科理想城三期·星河-犀浦4室2厅|110.96平方米|西北|精装|中楼层（共26层）|塔楼

19人关注/一年前发布

165万
14,871元/平方米

二手好房 为你而选

好房源那么多，我们为你精选

更多二手房

高新-大源
南门绿郡
4室2厅135.5平方米　　**370万**

温江大学城
海科名城
3室2厅104.84平方米　　**139万**

双流航空港
TOWN城
3室2厅109.84平方米　　**132万**

温江大学城
西财学府尚郡
3室2厅152.24平方米　　**158万**

门店查询　　常见问题　　联系我们

联系电话：023-8×××16
地址：重庆市××区××路××号
客服QQ：660×××84

图8-2　官网内页参考效果（续）

8.1.3　设计官网登录页

为提升"宛木居"企业的专业形象和用户黏性，需要设计一个引人入胜的官网登录页。

设计要求

（1）页面简洁，同时提供便捷的注册与登录功能。

（2）各部分内容布局合理，突出显示重要的内容。

（3）页面尺寸为1920像素×1080像素，分辨率为72像素/英寸。

设计思路

（1）添加背景图片，在其上方输入文字并在右侧绘制按钮。

（2）绘制矩形和椭圆，将椭圆制作成渐显效果并添加企业标志，在右侧制作登录窗口，在"登录"文字和重要文字下方绘制矩形。

官网登录页参考效果如图8-3所示。

图8-3　官网登录页参考效果

8.1.4　切片与输出网页

为了便于后期使用界面效果图，还需要切片，以确保网站在不同设备和浏览器上的兼容性。

设计要求

（1）对网页进行切片，完整展现网页。

（2）输出切片内容，并保存到单独的文件中。

💡 **设计思路**

（1）在切片时，可根据不同的板块进行切片，并命名切片后的内容，方便后期调用。

（2）导出HTML文件和图像文件，方便使用。

切片与输出网页参考效果如图8-4所示。

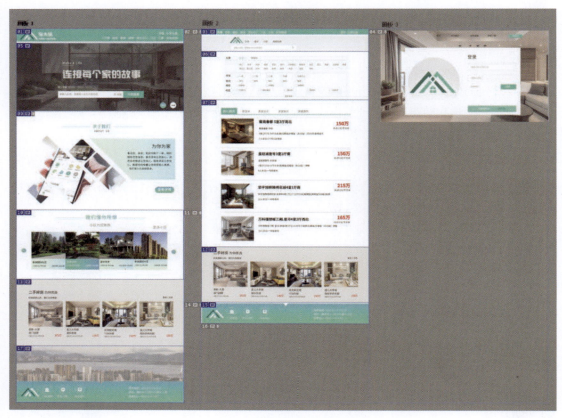

图8-4　切片与输出网页参考效果

8.2 "宛木居"App界面设计

随着移动互联网的普及，App成为用户获取信息的重要渠道。"宛木居"作为专业的房产企业，为了适应当前需求，准备延续官网的风格，重新设计App界面，注重移动端的用户体验。

8.2.1 设计App启动页

随着冬至的到来，"宛木居"企业为了迎合节气主题，准备设计以冬至为主题的App启动页，宣传冬至节气。

设计要求

（1）色彩明亮且具有视觉吸引力，能够凸显冬至节气氛围。

（2）选择与冬至相关的素材，如饺子、羊肉汤等，表达节气主题。

（3）界面尺寸为1125像素×2436像素，分辨率为72像素/英寸。

设计思路

（1）新建文件，添加背景图素材、饺子图素材、冬至文字图素材、Logo素材。

（2）在碗下方绘制阴影。

（3）在左上角输入文字内容。

　App启动页参考效果如图8-5所示。

①启动页效果

②实际应用效果

图8-5　App启动页参考效果

8.2.2　设计启动页动效

为了让启动页更有特色，可添加动效，使文字和雪花活动起来，增强启动页的吸引力。

设计要求

（1）为雪花和文字添加闪动效果。

（2）导出GIF格式的文件。

💡 **设计思路**

（1）新建图像文件，将制作完的启动页所有图层拖曳到新建的文件中。栅格化所有图层，将背景的所有图层合成为一个完整的图层，然后分别合成文字对应的图层，并进行重命名，方便后期制作动画。

（2）打开"时间轴"面板，隐藏除"背景"和"冬至"图层外的其他图层，复制所选帧，显示除"人间小团圆"图层外的其他图层。使用相同的方法复制8个所选帧，并分别设置动画显示的帧内容。

（3）调整每一帧的播放时间，其中前6帧的播放时间为"0.5秒"，后两帧的播放时间为"1秒"。

（4）导出GIF格式的文件。

启动页动效参考效果如图8-6所示。

图8-6　启动页动效参考效果

8.2.3 设计App图标

为便于制作"宛木居"App首页，可先设计其中的图标。

📇 **设计要求**

（1）图标需具有高度的辨识度和记忆点，直观地体现图标所表达的内容。

（2）图标采用面性风格，其要简洁、美观。

（3）图标分辨率为300像素/英寸，采用矢量图类型。

💡 **设计思路**

（1）绘制带渐变效果的圆。

（2）使用三角形工具、矩形工具绘制二手房图标。

（3）使用相同的方法，制作新房、精品公寓、短租、优惠、附件房源、找小区、个人房源等图标。

　App图标参考效果如图8-7所示。

图8-7　App图标参考效果

8.2.4　设计App首页

"宛木居"企业为了提升App的关注度，提升业绩，准备重新设计首页。

📋 **设计要求**

（1）整体风格应简洁、大气，符合现代审美趋势。

（2）界面布局应合理、清晰，色彩搭配应舒适，内容体现直观。

（3）整个首页分为Banner、功能类目、二手房推荐3个部分。

（4）界面尺寸为1125像素×2436像素，分辨率为72像素/英寸。

💡 **设计思路**

（1）绘制椭圆并添加插画素材，添加状态栏素材和矢量素材，调整大小和位置，绘制搜索框并在框内外添加文字。

（2）在Banner中输入文字内容，并在文字下方绘制5个圆，调整圆的大小和位置。

（3）使用直线工具绘制分割线，并添加前面绘制的图标，调整大小和位置。

（4）绘制矩形并添加图片素材，完成后在其上方和下方输入文字。

（5）绘制矩形，并添加投影图层样式。

（6）添加标签栏图标，然后在其下方输入文字。

App首页参考效果如图8-8所示。

①首页效果

②实际应用效果

图8-8　App首页参考效果

8.2.5 设计App发现页

为了方便用户查看各地区房产信息，"宛木居"企业准备制作App发现页。

设计要求

（1）发现页的设计风格需与首页的统一，整体风格简洁、美观。

（2）界面分为房屋展示、目的地推荐、热门好房3个部分，以图片展示为主。

（3）界面尺寸为1125像素×2436像素，分辨率为72像素/英寸。

设计思路

（1）添加状态栏素材，在其下方绘制搜索框和搜索按钮，并输入文字。

（2）绘制矩形，添加图片素材，创建剪贴蒙版，用作Banner。

（3）绘制矩形和标签栏图标，然后在其下方输入文字。

App发现页参考效果如图8-9所示。

①发现页效果

②实际应用效果

图8-9　App发现页参考效果

8.2.6 设计App个人中心页

"宛木居"企业准备继续设计App个人中心页，在该页面中展现系统设置信息，帮助用户妥善设置个人信息。

设计要求

（1）采用灰色为主色，搭配绿色，整体风格统一、美观。

（2）界面分为个人信息展示、我的订单、功能区3个部分，需按照类目进行设计。

（3）界面尺寸为1125像素×2436像素，分辨率为72像素/英寸。

设计思路

（1）使用钢笔工具绘制形状，并添加图片创建剪贴蒙版，添加状态栏素材。

（2）在形状的中间位置绘制圆并添加图片创建剪贴蒙版，在右侧绘制按钮，输入文字内容。

（3）在下方绘制矩形，并使用矩形工具、文字工具制作我的订单板块内容。

（4）制作功能区图标，并输入文字内容。

（5）绘制矩形和标签栏图标，然后在其下方输入文字。

App个人中心页参考效果如图8-10所示。

①个人中心页效果

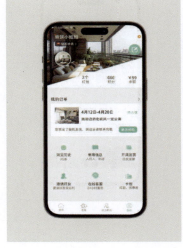

②实际应用效果

图8-10　App个人中心页参考效果

8.2.7 标注App界面

完成"宛木居"企业App各个页面的设计后，为了方便后续使用，还需标注完成后的App界面。

设计要求

（1）使用PxCook标注App界面。

（2）标注要具备完整性和美观性。

设计思路

（1）启动PxCook，将"App界面.psd"素材文件拖曳到PxCook界面中，放大图像。

（2）使用智能标注，设置标注操作，使用生成尺寸标注进行首页标注。

（3）使用生成文本样式标注功能生成文字标注，注意修改文字标志的颜色为绿色。

（4）使用相同的方法，生成其他页面的标注。

（5）将生成后的标注进行导出操作。

标注App界面参考效果如图8-11所示。

图8-11　标注App界面参考效果

8.3 "宛木居" 软件界面设计

"宛木居"作为专业的房产企业，为便于员工实现高效办公，准备设计一款专门用于办公的软件。现需要设计该软件的界面，包括启动页、着陆页、内页3个页面。

8.3.1 设计软件启动页

"宛木居"企业办公软件需要先设计一个启动页，用于引入软件信息。

设计要求

（1）界面要简洁、美观，通过文字的方式提示软件启动。

（2）界面背景要与企业的定位相符，展示企业理念和软件的主要功能。

（3）界面尺寸为1920像素×1080像素，分辨率为72像素/英寸。

设计思路

（1）在背景中绘制矩形，添加素材，设置图层不透明度。

（2）输入文字内容。

（3）在文字下方绘制矩形，并设置图层不透明度，在其上方输入启动提示文字。

软件启动页参考效果如图8-12所示。

图8-12　软件启动页参考效果

8.3.2　设计软件着陆页

为了能直观展示软件的类目和基本信息，需要设计"宛木居"企业办公软件的着陆页。

设计要求

（1）界面设计风格应统一，以简洁为主，能直观地展示二手房成交量、销售数量、企业热搜量、用户总数量等数据。

（2）界面以青绿色为主色，界面布局应合理、清晰，能直观地体现数据内容。

（3）界面尺寸为1920像素×1080像素，分辨率为72像素/英寸。

设计思路

（1）采用卡片型的布局方式，最上方为标题栏，中间为信息展示区，使用矩形工具按照该布局方式绘制不同大小和颜色的矩形。

（2）在左侧和上方添加企业的标志和图标。

（3）在右上角绘制4个大小相同但颜色不同的圆角矩形，添加装饰图标素材并在其上方输入文字内容，在下方通过矩形工具和图层蒙版功能绘制滑块效果。

（4）在"数据中心"栏下方绘制圆角矩形，并使用直线工具、文字工具、钢笔工具、矩形工具绘制统计图表，完成后对统计图表添加投影图层样式。

（5）在统计图表下方绘制两个圆角矩形，用于统计销售数量和企业热搜量排行，可使用直线工具、文字工具、钢笔工具、矩形工具来进行统计图表的绘制。

（6）在图表的右侧添加占比分析图片素材，用于显示分析情况，然后在其上输入说明文字。

软件着陆页参考效果如图8-13所示。

图8-13　软件着陆页参考效果

8.3.3　设计软件内页

"宛木居"企业为了能直观地查看各个类目的内部数据，还需要设计软件的内页，这里主要针对收益情况的内页进行设计。

设计要求

（1）内页设计风格与着陆页的设计风格统一。

（2）界面布局应合理，收益资金数据清晰，收益柱状图中数据清晰。

（3）界面尺寸为1920像素×1080像素，分辨率为72像素/英寸。

设计思路

（1）复制着陆页的布局，并修改左侧列表中的文字内容。

（2）在右上角绘制4个大小相同的圆角矩形，添加素材并在其上方输入文字内容，通过三角形表示数据的增减情况。

（3）在"收益资金"栏下方绘制渐变矩形，显示标题和年、月、日，通过渐变的矩形重点显示"年"按钮，在该文字的下方添加图标，方便编辑图表。

（4）使用直线工具、文字工具、钢笔工具、矩形工具绘制统计图表。

（5）为了区分当前内容，还可在当前查看的内容处绘制矩形，并在右侧显示具体的销售数量数据。

软件内页参考效果如图8-14所示。

图8-14 软件内页参考效果